LE POUVOIR DE LA PENSÉE

ANNIE BESANT

LE
POUVOIR
DE LA
PENSÉE

Classiques Théosophiques

UNICURSAL

PRÉFACE

Ce petit livre est destiné à aider l'étudiant dans l'étude de sa propre nature, du moins en ce qui concerne le côté intellectuel de celle-ci. Celui qui aura bien compris les principes posés ici sera en bonne voie pour coopérer avec la Nature dans son évolution, et pour accroître ses facultés mentales beaucoup plus rapidement qu'il ne lui serait possible de le faire s'il restait ignorant des conditions de leur développement.

L'introduction offrira probablement quelques difficultés au lecteur profane, qui passera peut-être outre à la première lecture. Elle est nécessaire, cependant, comme base, pour ceux qui voudraient saisir les relations de l'intellect avec les autres parties de la nature humaine et avec le monde extérieur. Et ceux qui voudraient mettre en action la maxime Connais-toi toi-même ne doivent pas reculer devant un petit effort mental, pas plus qu'ils ne doivent s'attendre à ce que la *nourriture intellectuelle tombe, toute assaisonnée, du ciel dans leur bouche paresseusement ouverte.*

Ce petit livre ne ferait-il qu'aider quelques étudiants sérieux et écarter quelques-unes des difficultés qui leur barraient la route que son but serait atteint.

Annie BESANT

INTRODUCTION

La valeur de la science s'éprouve par le pouvoir qu'elle a de purifier et d'ennoblir la vie, et tous les étudiants sérieux désirent appliquer les connaissances théoriques acquises dans l'étude de la Théosophie, à perfectionner leur propre caractère et à aider leurs semblables. C'est pour ces étudiants qu'est écrit le présent petit livre, dans l'espoir qu'une connaissance plus exacte de leur propre nature intellectuelle les conduira à cultiver résolument ce qu'il y a de bon en elle et en extirper ce qu'il y a de mauvais. Le sentiment qui nous détermine à mener une vie droite perd la moitié de sa valeur, si la claire lumière de l'intellect n'illumine pas le sentier de la conduite ; car, de même que l'aveugle dans son ignorance s'écarte du chemin jusqu'à ce qu'il tombe dans le fossé, de même l'Égo, aveuglé par l'ignorance, s'écarte du chemin de la vie droite jusqu'à ce qu'il tombe dans le fossé de la mauvaise action. Avidyâ — la privation de connaissance — est bien vraiment le premier pas hors de l'unité dans la séparativité et c'est seulement lorsqu'elle diminue que s'atténue la séparativité, jusqu'à ce que, celle-ci ayant disparu, l'Éternelle Paix soit rétablie.

LE MOI EN TANT QUE SUJET CONNAISSANT

Lorsque nous étudions la nature humaine, nous séparons l'homme des véhicules dont il se sert, le Moi vivant des vêtements dont il est revêtu. Le Moi est un, quelque variées que puissent être les formes sous lesquelles il se manifeste au moyen des différentes sortes de matière qu'il s'efforce de traverser. Il reste vrai, bien entendu, qu'il n'y a qu'un seul Moi, au sens le plus absolu du mot, car de même que les rayons émanent du soleil, les "Moi" qui sont proprement les hommes ne sont que les rayons du Moi suprême, de sorte que chacun peut murmurer : "Je suis Lui." Mais, pour notre but actuel, envisageant un seul rayon, nous en pouvons également affirmer l'unité propre, bien que celle-ci soit cachée par les formes. La conscience est une unité, et les divisions que nous y introduisons sont ou bien créées pour faciliter l'étude ou bien des illusions dues à ce que notre puissance de perception est limitée par les organes au moyen desquels elle s'exerce dans les mondes inférieurs. Le fait que les manifestations du Moi procèdent respectivement de ses trois aspects : connaissance, volonté et énergie, lesquels produisent les pensées, désirs et actions particulières, ne doit pas nous masquer cet autre fait qu'il n'existe pas de division de la substance ; le Moi tout entier sait, le Moi tout entier veut, le Moi tout entier agit. Ses fonctions ne sont d'ailleurs pas complètement séparées ; lorsqu'il sait, il agit et veut en même temps ; lorsqu'il agit, il sait et veut en même temps. Une fonction prédomine, et parfois dans une proportion telle qu'elle voile presque complètement les autres ; mais même dans la concentration la plus intense de la connaissance, la plus distincte des trois, il existe toujours une énergie latente et une volonté latente, qu'une analyse soigneuse permet de discerner.

Nous avons appelé ces trois fonctions "les trois aspects du Moi" ; une explication un peu détaillée nous aidera peut-être à comprendre. Lorsque le Moi est au repos, se manifeste l'aspect de la Connaissance, par lequel il est à même de revêtir l'image de n'importe quel objet qu'on lui présente.

Lorsque le Moi se concentre, attentif aux changements d'états, apparaît l'aspect de la Volonté. Lorsque le Moi, en présence d'un objet quelconque, émet de l'énergie pour prendre contact avec cet objet, alors apparaît l'aspect de l'Action. On voit donc que ces trois aspects ne sont ni des divisions séparées du Moi, ni trois choses unies en une ou formant un composé, mais qu'il y a un tout indivisible se manifestant de trois manières.

Il n'est pas aisé de rendre la conception fondamentale du Moi plus claire qu'on ne le fait en le nommant simplement. Le Moi est cette unité consciente, sensible, toujours existante, qui chez chacun de nous, se connaît comme existante. Aucun homme ne peut se concevoir non-existant ou se donner à lui-même sa propre formule, s'il est conscient, sous la forme : "Je ne suis pas." Ainsi que Bhagavân Dâs l'a exprimé :

"Le Moi est la première et indispensable base de la vie... Selon les paroles de Vâchaspati-Mishra, dans son Commentaire (le *Bhâmati*) sur le *Shâriraka-Bhâhya* de

Shankarâ Chârya: Nul ne se demande:
Suis-je? ou: Ne suis-je pas?" [1]

L'affirmation du Moi, "je suis", préexiste à toute autre chose, est au-dessus et au-delà de tout ar-
gument. Nulle preuve ne peut la rendre plus forte;
nulle réfutation ne la peut affaiblir. Toutes deux, la
preuve et la réfutation, se fondent sur le "Je suis", le
sentiment inanalysable de la simple existence, qui
ne comporte aucun prédicat, si ce n'est l'augmen-
tation et la diminution. "Je suis plus" est l'expression du plaisir, "je suis moins", celle de la douleur.

Si nous observons ce "je suis", nous trouvons
qu'il s'exprime de trois manières différentes:

a. le réfléchissement interne d'un Non-Moi, la
   Connaissance, racine des pensées;
b. la concentration interne, la *Volonté*, racine
   des désirs;
c. l'expansion vers l'extérieur, l'*Énergie*, racine
   des actions: "Je sais" ou "je pense", "je veux"
   ou "je désire", "je produis de l'énergie" ou
   "j'agis".

---

1   *La Science des Émotions*, p. 20.

Telles sont les trois affirmations du Moi indivisible, du "Je suis". Toutes espèces de manifestations peuvent être rangées sous l'une ou l'autre de ces trois rubriques; le Moi ne se manifeste, dans nos mondes, que de ces trois manières; de même que toutes les couleurs proviennent des trois couleurs primaires, de même les innombrables manifestations du Moi se ramènent toutes à la volonté, l'énergie, la connaissance.

Le Moi voulant, le Moi connaissant, le Moi produisant de l'énergie, c'est lui qui est Un dans l'Éternité, et constitue la racine de l'individuation dans l'Espace et le Temps. C'est le Moi sous l'aspect de la Pensée, le Moi connaissant que nous allons étudier.

LE NON-MOI EN TANT QU'OBJET CONNU

Le Moi, dont la "nature est de savoir", trouve, reflété au-dedans de lui, un grand nombre de formes et apprend, par expérience, qu'il ne peut pas connaître, agir et vouloir à travers elles et par elles. Il découvre que ces formes ne sont pas soumises à son autorité comme celle dont, tout d'abord, il devient conscient et qu'il apprend (par erreur, mais nécessairement) à identifier avec lui-même.

Il connaît, et ces formes ne pensent pas ; il veut et elles ne manifestent aucun désir ; il déploie de l'énergie et aucun mouvement ne se produit, en réponse, chez elles. Il ne peut pas dire *en elles* "je sais, j'agis, je veux" ; à la fin, il reconnaît en elles d'autres Moi sous les formes minérale, végétale, animale, humaine et supra humaine, et il généralise tout cela sous un seul terme compréhensif, le Non-Moi : ce en quoi il ne connaît pas, n'agit pas, ne veut pas. Il répond donc pendant longtemps à la question : "Qu'est-ce que le Non-Moi ?" par cette formule : "Tout ce en quoi je ne connais pas, ne veux pas, n'agis pas."

Et quoique finalement, il doive découvrir par des analyses successives que tous ses instruments l'un après l'autre (sauf la substance la plus fine qui fait de lui *un* Moi), sont parties du Non-Moi, sont objets de connaissance, forment le Connu, non le Connaissant, cependant, pour tous les besoins de la pratique, sa réponse est correcte. De fait, il ne pourra jamais connaître comme un objet séparable de lui-même, cette substance la plus fine de toutes, qui fait de lui un Moi distinct, puisque la présence de cette substance est nécessaire à son individuation et puisque connaître un tel objet comme le Non-Moi, serait s'abîmer dans le Tout.

LA CONNAISSANCE

Pour que le Moi puisse être le sujet connaissant et le Non-Moi l'objet connu, il faut qu'un rapport défini soit établi entre eux. Le Non-Moi doit affecter le Moi et celui-ci doit, à son tour, affecter le Non-Moi. Il doit y avoir une réciprocité d'action entre eux. La connaissance est une relation entre le Moi et le Non-Moi et la nature de cette relation nous fournira le sujet du prochain chapitre, mais il est bon, auparavant, de comprendre clairement le fait que la connaissance est une *relation*. Elle implique une dualité, la conscience d'un Moi et la reconnaissance d'un Non-Moi, et la présence des deux facteurs mis aux prises l'un avec l'autre est nécessaire à la connaissance.

Le Connaissant, le Connu et le Fait de connaître, voilà les trois choses en une seule, qu'il est nécessaire de bien comprendre si l'on veut utiliser la puissance de la pensée pour la fin qui lui est propre et qui consiste à aider le monde. D'après la terminologie occidentale, le Mental est le sujet connaissant ; l'Objet est ce qui est connu ; la Relation qui les unit est la connaissance. Nous avons à comprendre la nature du Connaissant, celle du Connu, et celle de leur Rapport, enfin la façon dont se constitue ce

Rapport. Ces choses une fois bien comprises, nous aurons fait un grand pas vers cette connaissance de soi-même qui constitue la Sagesse. Nous serons alors en état de secourir ceux qui nous entourent, nous deviendrons les auxiliaires et les sauveurs du Monde ; car tel est le vrai but de la Sagesse allumée par l'amour, elle doit soulever le monde au-dessus de la misère jusqu'à la connaissance où toute souffrance cesse à jamais. Tel est l'objet de notre étude, car il est dit dans les livres de la nation qui possède la plus ancienne psychologie, demeurée aujourd'hui encore la plus profonde et la plus subtile, que l'objet de la philosophie est de mettre fin à la souffrance. C'est pour cela que l'homme instruit pense ; c'est pour cela que la connaissance est sans cesse poursuivie. Mettre fin à la souffrance est la raison finale de la philosophie et la sagesse qui ne conduit pas à trouver la Paix n'est pas la vraie Sagesse.

CHAPITRE PREMIER

NATURE DE LA PENSÉE

La nature de la pensée peut être étudiée de deux points de vue: du point de vue de la conscience qui est la connaissance ou du point de vue de la forme au moyen de laquelle la connaissance s'obtient, forme qui, par son aptitude à subir des modifications, rend possible l'obtention de la connaissance. Cette possibilité a conduit, en philosophie, à deux extrêmes qu'il nous faut éviter, car chacun d'eux ignore un des côtés de la vie manifestée. L'un voit de la conscience dans toute chose, et ignore que la forme, qui conditionne essentiellement la conscience, est ce qui la rend possible. L'autre voit en toute chose la forme, et ignore le fait que cette forme ne peut exister qu'en vertu de la vie qui en est l'âme. La forme et la vie, la matière et l'esprit, le véhicule et la conscience sont inséparables dans la manifestation et sont les aspects indivisibles de *Ce* en quoi tous deux résident de *Ce* qui n'est ni la conscience ni son véhicule, mais la *racine* de tous deux. Une philosophie qui tente de tout expliquer par les formes, ignorant la vie, rencontrera des problèmes qu'il lui sera absolument impossible de résoudre. Une philosophie qui tente d'expliquer tout par la vie, ignorant les formes, se trouvera en face de murailles inanimées, qu'elle ne pourra pas franchir. La solution finale, c'est que la conscience et ses véhicules, la vie et la forme, l'esprit et la matière sont les expressions temporaires des deux aspects de l'Existence unique et conditionnée, qu'on ne peut connaître, si ce n'est quand elle se manifeste comme l'Esprit-Racine — (appelé par les Indous Pratyag-âtman), l'Être abstrait, le Logos abstrait — d'où procèdent tous les Moi individuels, et la Matière-Racine (Mûlaprakriti) d'où procèdent toutes les formes. Lorsque la manifestation se produit, cet Esprit-Racine donne naissance à une triple conscience, et cette Matière-Racine à une triple matière. À leur base est la Réalité Unique, à jamais inconnaissable pour la conscience conditionnée. La fleur ne voit pas la racine qui la fait pousser, bien que ce soit la source de toute sa vie et que, sans cette racine, elle ne puisse pas exister.

Le Moi en tant que sujet connaissant, a pour fonction caractéristique de refléter en lui le Non-Moi. De même qu'une plaque sensible reçoit les rayons lumineux reflétés par les objets et que ces rayons amènent des modifications dans la matière sur laquelle ils tombent, ce qui permet d'obtenir des images d'objets, de même en est-il pour le Moi en ce qui concerne les objets extérieurs. Son instrument est une sphère sur laquelle le Moi reçoit du Non-Moi les rayons réfléchis du Moi Unique et qui font apparaître, sur la surface de cette sphère, des images qui sont les reflets de ce qui n'est pas le Moi. Le sujet connaissant ne connaît pas les choses elles-mêmes, aux premiers stades de sa conscience. Il ne connaît que les images produites sur son instrument par l'action du Non-Moi sur son enveloppe sensible, c'est-à-dire des photographies du monde extérieur. C'est pourquoi le mental, véhicule du Moi en tant que sujet connaissant, a été comparé à un miroir dans lequel se voient les images de tous les objets placés devant lui. Nous ne connaissons pas les choses elles-mêmes, mais seulement l'effet produit par elles sur notre conscience ; ce ne sont pas les objets, mais les images des objets que nous trouvons dans l'esprit. De même que le miroir semble contenir les objets en lui, tandis que ces objets apparents ne sont que des images, des illusions causées par les rayons lumineux réfléchis des objets, et non ces objets eux-mêmes ; de même le mental, dans sa connaissance du monde extérieur, ne connaît que les images illusoires et non les choses en elles-mêmes.

Ces images, produites dans le véhicule du mental, sont perçues comme objets par le sujet connaissant, et cette perception consiste en ce qu'il les reproduit en lui-même. Cependant, la comparaison avec le miroir et l'emploi du mot "réflexion" que nous avons fait dans le paragraphe précédent, pourraient nous induire légèrement en erreur, car l'image *est une reproduction, non un reflet* de l'objet qui la produit. La substance de l'esprit est momentanément façonnée en un analogue de l'objet qui lui est présenté et cette analogie, à son tour, est reproduite par le sujet Connaissant. Lorsqu'il se modifie ainsi lui-même, à la ressemblance d'un objet extérieur, on dit qu'il connaît cet objet ; mais, dans le cas considéré, ce qu'il connaît n'est que l'image produite par l'objet et non pas l'objet lui-même. Et cette image n'est pas une reproduction parfaite de l'objet pour une raison que nous examinerons dans le prochain chapitre.

"Mais, pourra-t-on dire, en sera-t-il toujours ainsi ? Ne connaîtrons-nous jamais les choses elles-mêmes ?" Ceci nous amène à la distinction capitale entre la conscience et la matière du sein de laquelle elle opère, et cela nous permet de trouver une réponse à cette question, naturelle à l'esprit humain. Après que la conscience, par une longue évolution, a acquis le pouvoir de reproduire en elle tout, ce qui existe au dehors, l'enveloppe matérielle au sein de laquelle elle a opéré tombe, et la conscience, qui est connaissance, identifie son Moi à tous les Moi au milieu desquels elle a évolué, et considère uniquement comme Non-Moi la matière unie au même titre à chacun des Moi en particulier. C'est là le "Jour sois avec nous" [2], l'union, triomphe de l'évolution, où la conscience se connaît elle-même ainsi que les autres et connaît les autres comme étant elle-même. Par la communauté de nature la connaissance parfaite est atteinte, et le Moi réalise cet état merveilleux où l'identité ne périt pas ou la mémoire n'est pas perdue, mais où la séparation prend fin et où le connaissant, le connu et la connaissance ne font qu'un.

2   Voir *Doctrine secrète*, éd. française, vol. I, p. 120 ; 1re éd.; p. 114, 2e éd.; p. 112, 3e éd. (*Note des éditeurs*).

C'est cette merveilleuse nature du Moi, se développant en nous à l'heure actuelle par la connaissance, qu'il nous faut étudier afin de comprendre la nature de la pensée, et il est nécessaire d'en voir clairement le côté illusoire afin de pouvoir utiliser l'illusion à démasquer cette illusion même. Étudions donc comment se forme la Connaissance — relation entre la Connaissance et le Connu — et cela nous conduira à voir plus clair dans la Nature de la pensée.

LA CHAINE DU CONNAISSANT, DU CONNU ET DE LA CONNAISSANCE

Il y a un terme, celui de vibration, qui de plus en plus devient la note fondamentale de la science occidentale, après avoir été longtemps celle de la science orientale. Le mouvement est la racine de tout. La vie est mouvement; la conscience est mouvement. Et ce mouvement, quand il atteint la matière, s'appelle la vibration. L'Un, le Tout, est conçu comme ne changeant pas, soit en tant que Mouvement Absolu, soit en tant qu'immobile, puisque dans l'Un le mouvement relatif ne saurait être. C'est seulement lorsqu'il y a différenciation ou des parties, que nous pouvons penser à ce que nous appelons mouvement, lequel est un changement de lieu dans une succession de temps. Quand l'Un devient plusieurs, le mouvement apparaît; c'est la santé, la conscience, la vie lorsqu'il est rythmique et régulier, de même que c'est la maladie, l'inconscience, la mort lorsqu'il n'est pas rythmé, qu'il est irrégulier. Car la vie et la mort sont sœurs jumelles, nées au même titre du mouvement, qui est manifestation.

Le mouvement doit forcément apparaître quand l'Un devient plusieurs, puisque lorsque l'Omniprésent apparaît sous la forme de particules séparées, le mouvement, infini doit représenter l'Omniprésence ou, autrement dit, doit figurer son reflet ou image, dans la matière. L'essence de la matière est la séparativité, comme celle de l'esprit est l'unité; et lorsque la dualité apparaît dans l'Un, comme la crème dans le lait, le reflet de l'omniprésence de cet Un dans la multiplicité de la matière est incessant et produit le mouvement infini. Le mouvement absolu — la présence de chacune des unités se mouvant, en chacun des points de l'espace, à chacun des moments du temps — est identique au repos, n'étant que l'immobilité envisagée d'un autre point de vue, celui de la matière au lieu de celui de l'esprit. Du point de vue de la matière, il y a toujours la pluralité.

Ce mouvement infini apparaît sous forme de mouvements, de vibrations rythmiques, dans la matière qui le manifeste, chaque Jîva (ou unité de conscience séparée) étant isolé de tous les autres Jîvas par un mur de matière qui l'enclot [3]. Chaque Jîva est ensuite incarné, habillé de divers vêtements de matière. Lorsque ces vêtements de matière vibrent, ils communiquent leurs vibrations à la matière qui les entoure, celle-ci devenant l'agent intermédiaire par lequel les vibrations sont transmises à l'extérieur ; et cet intermédiaire, à son tour, communique l'impulsion de la vibration aux vêtements qui recouvrent un autre Jîva, faisant ainsi vibrer celui-ci comme le premier. Dans cette série de vibrations — commençant dans un Jîva, produite dans le corps qui l'enferme, transmise par ce corps au milieu environnant, communiquée

---

3   Il n'y a pas, en anglais, de terme satisfaisant pour désigner "une unité de conscience séparée" — "esprit" et "âme" désignant des particularités variables suivant les diverses écoles de pensée. Je me risque donc à employer le mot Jîva au lieu de l'expression gauche d' "unité-de-conscience séparée". (*Note de l'auteur.*)

JIVA (mot sanscrit : litt. "Vivant" de la racine jiv, vivre) ; l'être en soi, la "substance" émanée du Logos et identique à lui, mais conditionnée par la matière à laquelle elle est unie et qui en fait une unité vivante, c'est-à-dire consciente : une "unité de conscience".

par celui-ci à un autre corps et de ce dernier au
Jîva qui y est contenu — nous avons la chaîne de
vibrations par laquelle l'un connaît l'autre. Le second connaît le premier parce qu'il le reproduit en
lui-même et fait ainsi les expériences que l'autre a
faites. Il y a cependant une différence. Car notre
second Jîva est déjà à l'état vibratoire et son mouvement, après avoir reçu l'impulsion du premier,
n'est pas une simple répétition de cette impulsion,
mais une combinaison de son mouvement original
propre avec celui qui lui est imposé du dehors ; ce
n'est donc pas une parfaite reproduction. On obtient des similitudes, de plus en plus approximati-
ves, mais l'identité nous échappe toujours, tant que
les vêtements demeurent.

Cette succession d'actions vibratoires s'observe
souvent dans la nature. Une flamme est un centre
d'activité vibratoire dans l'éther appelée par nous
"chaleur" ; ces vibrations ou ondes de la chaleur déterminent dans l'éther environnant des ondes pa-
reilles à elles et celles-ci déterminent, dans l'éther
d'un morceau de fer voisin, les mêmes ondes, de
sorte que les particules de ce fer vibrent sous l'impulsion ; il devient chaud et source de chaleur à son
tour. C'est ainsi qu'une série de vibrations passe

d'un Jîva à un autre et tous les êtres sont rattachés ensemble par ce réseau de conscience.

C'est ainsi encore que, dans la nature physique, nous désignons différentes sortes de vibrations par des noms différents, appelant une série lumière, l'autre chaleur, l'autre électricité, l'autre son, et ainsi de suite; pourtant toutes sont de même nature, toutes sont des modes de mouvement de l'éther [4], bien que différant par le degré de vitesse et le caractère des ondes. Les pensées, les désirs, les actions, manifestations actives, à travers la matière, de la Connaissance, de la Volonté et de l'Énergie, sont toutes de même nature, c'est-à-dire toutes constituées par des vibrations, mais leurs phénomènes sont différents à cause du caractère différent des vibrations. Il existe une série de vibrations dans une sorte spéciale de matière, ayant un certain caractère : c'est ce que nous appelons les vibrations-pensées. Une autre série constitue les vibrations-désirs, une autre encore les vibrations-actions. Ces noms servent à décrire certains faits de la nature. Une certaine sorte d'éther est mise en vibrations, les vibrations affectent nos yeux, nous appelons ce mouvement: lumière. Un autre éther,

---

4   Le son, primitivement, est aussi une vibration de l'éther.

beaucoup plus subtil, a des vibrations qui sont perçues par le mental, c'est-à-dire provoque de sa part une réponse et nous appelons ce mouvement: pensée. Nous sommes entourés d'une matière qui a des densités différentes, et nous désignons les mouvements qui s'y produisent selon qu'ils nous affectent et que nous y répondons par des organes différents, qu'ils appartiennent à nos corps grossiers ou à nos corps subtils. Nous appelons "lumière" certains mouvements affectant l'oeil; nous appelons "pensée" certains mouvements affectant un autre organe, le mental. La "vision" a lieu lorsque, dans l'éther-lumière, des ondulations se produisent d'un objet à notre oeil; la "pensée" a lieu lorsque, dans l'éther-pensée, des ondulations se produisent entre un objet et notre mental. L'un n'est ni plus — ni moins — mystérieux que l'autre.

En traitant du mental, nous verrons que certaines modifications dans la disposition de ses éléments sont dues au contact d'ondes de pensée, tandis que, quand nous pensons à des choses concrètes, nous ressentons à nouveau les impressions primitivement reçues du dehors. Le sujet connaissant trouve l'occasion de son activité dans ces vibrations, et tout ce à quoi elles peuvent répondre constitue la connaissance. La pensée est une reproduction, dans le mental du sujet connaissant, de ce qui n'est pas ce sujet connaissant. C'est un tableau produit par une combinaison de mouvements ondulatoires, une image, au sens tout à fait littéral. Une partie du Non-Moi vibre et lorsque le sujet connaissant vibre en retour, cette partie devient le Connu ; entre eux la matière, animée d'un léger tressaillement, les met en contact l'un avec l'autre et rend la Connaissance possible. C'est ainsi que la relation du Connaissant, du Connu et de la Connaissance s'établit et se maintient.

CHAPITRE II

LE CRÉATEUR D'ILLUSION

"Devenu indifférent aux objets de perception, l'élève doit chercher à découvrir le Râja des sens, le Producteur de pensée, celui qui fait naître l'illusion.
Le Mental est le grand destructeur du Réel."

C'est ainsi qu'il est écrit dans un des fragments traduits par HPB et extrait du *Livre des préceptes d'or* [5], cet exquis poème en prose, l'un des dons les plus précieux que l'auteur ait fait au monde. Il n'y a pas, pour le mental, de dénomination plus significative que celle de "Créateur d'illusion".

---

5   *La voix du silence*, p. 14.

Le mental n'est pas le sujet connaissant, et devrait toujours être soigneusement distingué de lui. La plupart des confusions et des difficultés qui embarrassent l'étudiant, viennent de ce qu'il ne se rappelle pas la distinction entre lui qui connaît, et le mental, instrument au moyen duquel il obtient ses connaissances. C'est comme si le sculpteur s'identifiait avec son ciseau.

Le mental est, par essence, double et matériel, étant constitué par une enveloppe de fine substance appelée le corps causal, joint à Manas [6], le mental abstrait, et par une enveloppe de substance plus grossière appelée le corps mental, joint à Manas, le mental concret, Manas lui-même étant le reflet, dans la matière atomique, de cet aspect du Moi qui représente la connaissance. Le mental limite le Jîva, qui, à mesure que la conscience augmente, se trouve de toutes parts entravé par elle. De même qu'un homme qui, pour effectuer certaine tâche, mettrait des gants épais et trouverait que ses mains

---

6   MANAS, terme sanscrit (racine *man*, observer, connaître, comprendre) employé dans les acceptations les plus variées, par les divers systèmes philosophiques de l'Inde. Le monde se compose de sept plans, et la "substance" ou substratum de l'être se manifeste en sept modes correspondants. Chacun de ces modes comporte l'universelle qualité d'aspect qu'on indique comme vie et forme, force et matière, etc. Manas est l'énergie pensante, l'aspect-vie du mode intellectuel de l'être. (NDE)

emprisonnées dans les gants ont perdu une grande partie de leur sensibilité, de leur délicatesse de toucher, de leur aptitude à ramasser de menus objets et qu'elles ne sont plus capables d'en saisir que de gros, de sentir les lourdes pressions; de même en est-il lorsque le sujet connaissant revêt le mental, mais ses facultés sont très restreintes dans leur expression.

Nous réserverons, dans les paragraphes suivants, le terme de mental au mental concret: au corps mental joint à Manas.

Le mental est le résultat de la pensée antérieure actuelle; c'est une chose précise et définie, douée de certaines propriétés et de certaines incapacités, de force et de faiblesse, qui sont le résultat d'une activité déployée dans des existences antérieures. Notre mental est ce que nous l'avons fait; nous ne pouvons pas le modifier, si ce n'est lentement; nous ne pouvons pas le dépasser par un effort de volonté; nous ne pouvons pas nous en affranchir, ni remédier instantanément à ses imperfections. Tel qu'il est, il est nôtre, c'est une partie de Non-Moi appropriée à notre usage, façonnée pour nous, et c'est par lui seulement que nous pouvons connaître.

Tout ce qui résulte de nos pensées antérieures
est présent en nous grâce au mental; chaque mental a son mode propre de vibration, sa propre sorte
de vibration; il est en mouvement perpétuel, présentant une suite de tableaux toujours changeants.
Toute impression qui nous arrive du dehors est re-
çue dans cette sphère déjà en activité, et la masse
des vibrations existantes modifie la nouvelle venue,
en même temps qu'elle se trouve modifiée par celle-ci. La résultante n'est donc pas une reproduction exacte de la nouvelle vibration, mais une combinaison de cette dernière avec les vibrations déjà
existantes. Empruntons encore une comparaison
à la lumière. Si nous mettons un morceau de verre
rouge devant nos yeux et si nous regardons des objets verts, ils nous paraîtront noirs. Les vibrations
qui nous donnent la sensation du rouge sont in-
terceptées par celles qui nous donnent la sensation
du vert, et l'oeil est induit en erreur lorsqu'il voit
l'objet noir. De même, si nous regardons un objet
bleu à travers un verre jaune, nous le verrons noir.
Dans chacun de ces cas, un intermédiaire coloré
cause une impression de couleur différente de celle
qu'eût fourni l'objet regardé à l'oeil nu. Et même,
en regardant les choses à l'oeil nu, nous les voyons
un peu différemment, car l'oeil modifie les vibra-

tions qu'il reçoit, et d'une manière plus sensible que bien des gens ne se l'imaginent. L'influence du mental, en tant qu'intermédiaire au moyen duquel le sujet Connaissant contemple le monde extérieur, est très comparable à l'influence des verres colorés sur la couleur des objets vus à travers eux. Le moi Connaissant est aussi inconscient de cette influence du mental qu'un homme à qui il n'aurait jamais été donné de voir (sinon à travers des verres rouges ou bleus), serait inconscient des altérations qu'ils produisent dans les couleurs du paysage.

C'est à ce point de vue superficiel que l'esprit est appelé le "Créateur d'illusion". Il ne nous apporte que des images déformées, combinaisons de lui-même et des objets extérieurs. En un sens beaucoup plus profond, d'ailleurs, il est encore "Créateur d'illusion", à savoir en ce sens, que ces images déformées elles-mêmes ne sont que les images d'apparences, non de réalités ; des ombres d'ombres ; voilà tout ce que le mental nous fournit. Mais il nous suffira, actuellement, de considérer les illusions dues à sa nature propre.

Les idées que nous nous faisons du monde seraient toutes différentes, si nous pouvions le connaître tel qu'il est, même sous son aspect phénoménal, au lieu de ne le connaître qu'au moyen de vibrations modifiées par le mental; et la chose n'est aucunement impossible, bien qu'elle ne puisse être réalisée que par ceux qui ont poussé très avant le contrôle de leur mental. Les vibrations du mental peuvent s'arrêter, si la conscience s'en détourne; le contact d'un objet façonnera alors une image correspondant exactement à cet objet, les vibrations étant identiques en qualité et en quantité, sans alliage de vibrations dues à l'observateur Ou bien la conscience peut se projeter et animer l'objet observé, de façon à en percevoir directement les vibrations. Dans les deux cas on obtient une connaissance réelle de la forme. L'idée, dans le monde des noumènes, dont la forme exprime l'aspect phénoménal, peut être connue, elle aussi, mais seulement au moyen de la conscience opérant dans le corps causal, sans l'entrave du mental concret ou des véhicules inférieurs.

Cette vérité, à savoir que nous connaissons uniquement nos impressions des choses, non les choses elles-mêmes — si ce n'est dans les cas que je viens de mentionner — est d'une importance capitale, quand on l'applique à la vie pratique. Elle nous enseigne l'humilité et la prudence, nous dispose à accueillir les idées nouvelles. Nous apprenons à nous défaire de notre instinctive conviction d'avoir raison dans nos observations, nous apprenons à nous analyser avant de condamner les autres.

Un exemple contribuera à nous rendre ceci plus clair.

Je rencontre une personne dont l'activité vibratoire s'exprime sous un mode complémentaire du mien. En nous rencontrant nous nous annulons réciproquement; il en résulte que nous ne nous plaisons pas, nous ne découvrons rien l'une chez l'autre et nous nous étonnons, chacune de notre côté, que X... trouve tant d'esprit à notre voisine, alors que nous nous jugeons réciproquement si incroyablement stupides. Mais, si j'ai acquis quelque connaissance de moi-même, cet étonnement sera surmonté, en ce qui me concerne. Au lieu de penser que la personne est stupide, je me demanderai: "Que me manque-t-il en moi qui m'empêche de répondre à ses vibrations? Toutes deux nous vibrons et si je ne peux pas pénétrer dans sa pensée et sa vie, c'est parce que je ne peux pas reproduire ses vibrations. Pourquoi jugerais-je cette personne, puisque je ne peux même pas la connaître avant de m'être modifiée suffisamment pour être capable de lui donner accès?" — Nous ne pouvons guère modifier les autres, mais nous pouvons, dans une large mesure, nous modifier nous-mêmes et nous devrions nous efforcer sans cesse de développer notre faculté réceptive. Nous devons devenir pareils à la lumière blanche dans laquelle toutes les couleurs sont présentes, qui n'en altère aucune parce qu'elle n'en repousse aucune, et qui possède en elle-même le pouvoir de répondre à chacune. Nous pouvons mesurer la distance qui nous sépare encore de la lumière blanche à notre aptitude à répondre aux caractères les plus divers.

LE CORPS MENTAL JOINT À MANAS

Nous pouvons maintenant envisager la composition du mental en tant qu'organe de conscience, sous son aspect de sujet connaissant et voir quelle est cette composition, comment nous avons façonné le mental dans le passé, comment nous pouvons le modifier dans le présent.

L'esprit, envisagé du côté de la vie, est Manas, et Manas est le reflet, dans la matière atomique du troisième plan — le mental ou plan de l'aspect cognitif du Moi — du Moi en tant que sujet connaissant.

Envisagé du côté de la forme, il présente deux aspects, qui conditionnent respectivement l'activité de Manas, la conscience opérant sur le plan mental. Ces aspects sont dus aux agrégations de matière de ce plan, qui ont été attirées autour du centre de vibration atomique. Cette matière, nous l'appelons, d'après sa nature et son usage, matière-esprit ou matière-pensée. Elle forme une grande région dans l'univers, pénétrant les matières astrale et physique et compte sept subdivisions, correspondant aux états de la matière sur le plan physique; elle est surtout sensible aux vibrations qui viennent du Moi, sous son aspect de Connaissance, et cet aspect lui imprime son caractère spécifique.

Le premier aspect, et le plus élevé, du mental envisagé du côté de la forme, est ce qu'on appelle le corps causal. Il est composé de matières empruntées aux cinquième et sixième subdivisions du plan mental, correspondant aux éthers les plus subtils du plan physique. Ce corps causal est peu développé, chez la plupart, au stade actuel de l'évolution, car il n'est pas employé dans les opérations mentales ayant trait aux objets extérieurs et nous pouvons par suite le laisser de côté, du moins pour le moment. C'est, en somme, l'organe de la pensée abstraite.

Le second aspect est ce qu'on appelle le corps mental, il est composé de matière-pensée appartenant aux quatre subdivisions inférieures du plan mental, correspondant à l'éther le plus dense et aux états gazeux, liquide et solide de la matière sur le plan physique. On pourrait l'appeler le corps mental dense. Les corps mentaux présentent sept grands types fondamentaux, dont chacun comprend des formes aux degrés de développement les plus divers, qui toutes évoluent et progressent selon les mêmes lois. Comprendre et appliquer ces lois, c'est échanger la lente évolution de la nature contre la rapide croissance due à l'intelligence se déterminant elle-même. D'où l'importance essentielle de leur étude.

CONSTRUCTION ET ÉLÉVATION DU CORPS MENTAL

La méthode selon laquelle la conscience construit son véhicule devrait être clairement comprise, car chaque jour et chaque heure de la vie nous fournissent l'occasion d'appliquer cette méthode à des fins élevées. Que nous veillions ou dormions, nous sommes toujours en train de construire notre corps mental ; car lorsque la conscience vibre, elle affecte la matière mentale qui l'entoure et chaque frémissement de conscience, bien que dû unique-

ment à une pensée passagère, attire dans le corps
mental quelques particules de matière mentale et
en fait sortir quelques autres. Et tant qu'il s'agit du
véhicule — le corps — ceci est dû à la vibration ;
mais il ne faut pas oublier que l'essence même de
la conscience est de s'identifier constamment avec
le Non-Moi et de s'affirmer elle-même à nouveau,
tout aussi constamment, en rejetant le Non-Moi ;
la conscience consiste dans l'alternance de l'affirmation et de la négation suivantes : "Je suis cela",
"je ne suis pas cela", c'est pourquoi son mouvement constitue et produit, dans la matière, cette
attraction suivie de répulsion que nous appelons
vibration. La matière environnante est ébranlée,
elle aussi, et sert ainsi d'intermédiaires pour affecter d'autres consciences.

Or, la finesse ou la grossièreté de la matière ainsi
appropriée dépend de la qualité des vibrations dé-
terminées par la conscience. Les pensées pures et
élevées sont composées de vibrations, rapides et ne
peuvent affecter que les éléments rares et subtils de
la substance mentale. Les parties plus grossières ne
sont pas atteintes, étant incapables de vibrer avec la
vitesse voulue. Lorsqu'une pensée de cette sorte fait
vibrer le corps mental, des particules de la matière la
plus grossière sont rejetées hors du corps et leur pla-

ce est prise par des particules plus fines, de sorte que de meilleurs matériaux sont introduits dans le corps mental. De même, les pensées basses et mauvaises attirent dans le corps mental les matériaux plus grossiers qui conviennent à leur expression et ces matériaux chassent et repoussent les espèces plus fines.

Ainsi, ces vibrations de conscience font sans cesse sortir une catégorie de matière pour en réintroduire une autre. Et il en résulte, comme une conséquence nécessaire, que suivant la catégorie de matière que nous aurons introduite jadis dans notre corps mental, se trouvera déterminée notre faculté de répondre aux pensées qui nous parviendront actuellement du dehors. Si notre corps mental est composé de matériaux affinés, les pensées grossières et mauvaises ne trouveront pas de réponse en nous et, par suite, ne nous feront aucun tort ; tandis que s'il est composé de matériaux grossiers, il sera affecté par toute mauvaise influence ambiante, il demeurera sans réponse devant le bien et n'en bénéficiera pas.

Lorsque nous sommes ainsi en contact avec quelqu'un dont les pensées sont élevées, ses vibrations-pensées, en agissant sur nous, provoquent des vibrations de la matière qui, dans notre corps mental, est capable d'y répondre ; ces vibrations, à leur tour, dérangent et même expulsent un peu ce qui est trop grossier dans notre corps mental pour vibrer à leur haut degré d'activité. Le profit que nous retirons d'autrui dépend ainsi, pour une grande part, de notre pensée antérieure, et notre "compréhension" d'autrui, notre faculté de répondre aux autres êtres, sont conditionnées par cela encore. Nous ne pouvons pas penser l'un pour l'autre; notre partenaire ne peut penser ses propres pensées, amenant ainsi, dans la substance-esprit qui l'entoure, des vibrations correspondantes, lesquelles agissent sur nous, éveillant dans notre corps mental des vibrations sympathiques. Ce sont celles-ci qui affectent la conscience. Un penseur extérieur à nous ne peut affecter notre conscience qu'en suscitant ces vibrations dans notre corps mental.

Mais une compréhension immédiate ne suit pas toujours la production de ces vibrations venues du dehors. L'effet ressemble parfois à celui du soleil, de la pluie et de la terre sur la semence enfouie dans le sol. Il n'y a pas, tout d'abord, de réponse visible aux vibrations qui agissent sur cette semence; mais au-dedans d'elle se produit un léger frémissement de la vie qui l'anime, et ce frémissement devient de jour en jour plus fort, jusqu'à ce que la vie en évoluant, fasse éclater l'écorce de la semence, puis projette une petite racine et une tige grandissante. Il en va de même pour l'esprit. La conscience frémit légèrement au-dedans d'elle-même, avant d'être en état de répondre extérieurement aux contacts qu'elle subit ; et alors que nous ne sommes point encore capables de comprendre un noble penseur, il y a cependant en nous, un frémissement inconscient qui est le précurseur de notre réponse consciente. Lorsque nous quittons la présence d'un grand Être, nous sommes un peu plus rapprochés, que nous ne l'étions auparavant, de la riche vie de pensée qui en émane : le développement de certains germes-pensée a été hâté en nous, et l'évolution de nos esprits a été facilitée.

Ainsi donc, en une certaine mesure, le façonnement et le développement de notre esprit peuvent être accomplis du dehors, mais ils doivent résulter surtout de l'activité de notre conscience ; et si nous voulons que notre corps mental soit fort, bien vivant, actif, apte à saisir les pensées les plus élevées qu'on nous présentera, nous devons travailler obstinément à bien penser ; car nous sommes nos propres constructeurs et modelons nous-mêmes notre mental.

Il y a nombre de gens qui lisent beaucoup. Mais la lecture ne façonne pas le mental, la pensée seule la façonne. La lecture ne vaut que parce qu'elle fournit des matériaux à la pensée. Un homme peut lire beaucoup, mais son développement mental n'en reste pas moins proportionné à la somme de pensées qu'il fournit en lisant. La valeur qu'aura pour lui la pensée lue dépend de l'usage qu'il en fera. À moins qu'il ne recueille cette pensée et ne travaille par lui-même cette donnée, la valeur en sera mince et passagère. "Lire remplit l'homme", dit Lord Bacon et il en est du mental comme du corps. Manger remplit l'estomac, mais de même que l'aliment est sans profit pour le corps s'il n'est digéré et assimilé, de même le mental peut être rempli par la lecture, mais s'il n'y a pas de pensée, il n'y a pas d'assimilation de ce qui est lu et le mental ne croît pas ; il est même probable qu'il souffrira d'être surchargé et se trouvera affaibli plutôt que fortifié par un fardeau d'idées non assimilées.

Nous devons lire moins et penser davantage, si nous voulons que notre mental s'élargisse et que notre intelligence se développe. Si nous prenions au sérieux la culture de notre mental, nous consacrerions chaque jour une heure à l'étude de quelque livre sérieux et suggestif : nous lirions cinq minutes et réfléchirions dix minutes — et ainsi de suite durant l'heure entière.

Le procédé habituel consiste à lire rapidement pendant une heure, puis à mettre le livre de côté jusqu'à ce que vienne l'heure de se remettre à lire. C'est pourquoi chez la plupart des gens la faculté de penser se développe très lentement.

Un des points les plus caractéristiques, dans le mouvement théosophique, c'est le progrès mental qu'on peut constater d'année en année chez ses membres. Cela est dû, en grande partie, au fait qu'on leur enseigne la nature de la pensée ; ils commencent à comprendre un peu son mode de travail et s'appliquent à façonner leur corps mental, au lieu de le laisser se développer par les processus de la nature, abandonnés à eux-mêmes. L'étudiant désireux de progrès devrait décider qu'aucun jour ne se passera sans en consacrer cinq minutes au moins à lire et dix à réfléchir profondément sur ce qui a été lu. Au début, notre sujet trouvera l'effort ennuyeux et laborieux ; il constatera la faiblesse de sa pensée. Cette découverte marque un premier pas, car c'est beaucoup de constater qu'on est incapable de penser fortement et d'une façon prolongée. Les gens incapables de penser, mais qui s'imaginent qu'ils peuvent le faire, progressent peu. Il vaut mieux connaître sa propre faiblesse que s'imaginer qu'on est fort lorsqu'on est faible. La conscience de la faiblesse — l'incapacité de fixer le mental, le sentiment de chaleur, de confusion et de fatigue qui se produit dans le cerveau, après un effort prolongé pour suivre un développement de pensée difficile — est de tout point analogue au sentiment similaire éprouvé dans les muscles après un grand épuisement musculaire. Grâce à l'exercice régulier et prolongé — mais pas excessif — la force de la pensée se développe, comme la force musculaire. Et en même temps qu'elle se développe, cette force de pensée devient dirigeable et peut être utilisée à des fins précises. Sans cette pensée, le corps mental restera mal défini et inorganisé ; et si l'on ne gagne pas en concentration — en capacité de fixer la pensée sur un point défini — on ne peut pas exercer du tout la puissance de la pensée.

CHAPITRE III

LA TRANSMISSION DE LA PENSÉE

Presque tout le monde, de nos jours, est désireux de pratiquer la transmission de la pensée et rêve aux délices de communiquer avec un ami absent, sans recourir au téléphone, au télégraphe ou à la poste. Beaucoup de gens semblent croire qu'il leur suffira, pour accomplir cette tâche, d'un très léger effort et ils sont très surpris lorsqu'ils échouent totalement dans leur entreprise. Il est cependant clair qu'il faut être capable de penser avant de pouvoir transférer sa pensée, et qu'une certaine puissance de pensée vigoureuse est nécessaire afin de projeter à travers l'espace un courant de pensée. Les pensées faibles et vacillantes de la majorité des gens ne produisent que des vibrations tremblotantes dans l'atmosphère de la pensée, vibrations qui apparaissent et s'évanouissent à toute minute, sans donner naissance à aucune forme définie, parce que clouées d'une vitalité infiniment faible. Une forme-pensée doit être nettement découpée et d'une vitalité solide si elle est destinée à être lancée dans une direction définie et si l'on requiert d'elle assez de force pour qu'en arrivant à destination, elle détermine une reproduction d'elle-même.

Il y a deux méthodes de transférer la pensée, l'une qu'on peut appeler physique, l'autre psychique : l'une relevant du cerveau autant que du mental, l'autre du mental seul. Une pensée peut être engendrée par la conscience, produire une vibration dans le corps mental, puis dans le corps astral déterminer des ondulations dans l'éther, puis dans les molécules plus denses du cerveau physique ; sous l'action de ces vibrations cérébrales, l'éther physique est affecté et les ondes passent au dehors, jusqu'à ce qu'elles atteignent un autre cerveau et y déterminent des vibrations, tant dans l'éther que dans les molécules plus denses. Par ce cerveau récepteur, des vibrations sont produites dans le corps astral, puis dans le corps mental, qui tous deux sont attachés à lui, et les vibrations du corps mental font jaillir, en réponse, un frémissement dans la conscience. Tels sont les nombreux stades de l'arc traversé par une pensée. Mais ce long détour n'est pas nécessaire. La conscience peut, lorsqu'elle produit ces vibrations dans son corps mental, diriger ces vibrations tout droit sur le corps mental de la conscience réceptrice, évitant ainsi le circuit que nous venons de décrire.

Examinons ce qui arrive en ce cas.

Il y a dans le cerveau un petit organe, la glande pinéale, dont les fonctions sont inconnues des physiologistes occidentaux et dont les psychologues occidentaux ne s'occupent pas. C'est un organe rudimentaire chez la plupart des individus, mais qui, loin de rétrograder; évolue et dont il est possible de hâter l'évolution au point de mettre cet organe à même d'accomplir sa fonction propre, celle que dans l'avenir, il remplira chez tous. Cette glande est l'organe du transfert de la pensée, comme l'oeil est l'organe de la vision ou l'oreille celui de l'audition.

Quiconque pensera assidûment à une seule idée, en concentrant sur elle une attention soutenue, aura conscience d'un léger frisson dans la glande pinéale, d'une sensation de fourmillement. Le frisson a lieu dans l'éther où baigne la glande et il produit un léger courant magnétique, lequel donne naissance à la sensation de fourmillement dans les molécules denses de la glande. Si la pensée a été assez forte pour produire le courant, le penseur saura qu'il a réussi à donner à sa pensée une netteté et une vigueur qui la rende apte à être transmise.

Cette vibration dans l'éther de la glande pinéale détermine des ondes dans l'éther ambiant, semblables à des ondes de lumière, bien que beaucoup plus petites et plus rapides. Ces ondes se propagent dans toutes les directions, mettant l'éther en mouvement et ces ondes d'éther, à leur tour, en produisent d'autres dans l'éther de la glande pinéale d'un autre cerveau, pour être transmises de là aux corps astral et mental, gagnant ainsi la conscience suivant l'ordre régulier. Si la seconde glande pinéale ne peut pas reproduire ces ondulations, la pensée passera inaperçue, elle ne fera pas d'impression, pas plus que les ondes lumineuses ne font d'impression sur l'oeil d'un aveugle.

Dans la seconde méthode de transmission, le penseur ayant créé une forme-pensée sur son propre plan, ne la fait pas descendre au cerveau, mais la dirige immédiatement vers un autre penseur situé sur le même plan mental. Le pouvoir d'agir ainsi, délibérément, implique un degré beaucoup plus élevé dans l'évolution mentale que celui représenté par la méthode physique de la transmission de la pensée, car celui qui agit doit être conscient sur le plan mental pour pouvoir exercer sciemment cette activité.

Mais ce pouvoir, chacun de nous l'exerce continuellement, quoique d'une façon indirecte et inconsciente, puisque toutes nos pensées produisent, dans le corps mental, des vibrations qui doivent, par suite de la nature des choses, être propagées à travers la matière mentale environnante.

Il n'y a pas de raison pour restreindre le sens de l'expression "transmission de la pensée" aux transmissions conscientes et délibérées que fait, d'une pensée particulière, une personne à une autre. Nous nous influençons continuellement les uns les autres par ces ondes de pensée, produites sans intention définie, et ce qu'on appelle l'opinion publique se forme en grande partie par ce procédé. La plupart des gens pensent d'une certaine façon non pas parce qu'ils ont soigneusement médité une question et qu'ils sont arrivés à une conclusion — mais parce qu'un grand nombre de personnes pensent d'une certaine façon et entraînent les autres avec elles. La pensée vigoureuse d'un grand penseur se répand dans le monde, elle est recueillie par des esprits passifs qui s'en font l'écho. Ceux-ci reproduisent les vibrations du premier et renforcent ainsi l'onde de pensée impressionnant alors d'autres esprits qui seraient restés sans réponse aux ondes originelles. Ceux-ci répondant, apportent un surcroît de force aux ondes qui deviennent, encore plus fortes, impressionnant alors une quantité énorme de gens.

L'opinion publique une fois formée exerce une influence prépondérante sur l'esprit de la grande majorité, frappant sans cesse sur tous les cerveaux et suscitant chez eux des ondes qui répondent à celles reçues.

Il y a aussi certaines façons de penser nationales, des canaux précis et profondément creusés résultant de la répétition continuelle, pendant des siècles, des mêmes pensées nées de l'histoire des luttes et des coutumes d'une nation. Elles modifient profondément et colorent vivement le mental de tous ceux qui appartiennent à cette nation, et tout ce qui vient du dehors est modifié par le mode de vibration national. De même que les pensées qui nous viennent du monde extérieur sont modifiées par notre corps mental et qu'en les recevant, nous accueillons. Leurs vibrations, plus nos propres vibrations normales — c'est-à-dire une résultante — de même les nations voisines, les enregistrent modifiées par leur propre mode de vibration national. C'est ainsi que l'Anglais et le Français, l'Anglais et le Boer voient les mêmes faits, mais y ajoutent leurs propres possessions antérieures et s'accusent, de très bonne foi, les uns les autres de falsifier les faits et de pratiquer des méthodes illégales. Si cette vérité, avec son caractère inéluctable, était reconnue, bien des querelles internationales seraient aplanies plus aisément que ce n'est le cas aujourd'hui, bien des guerres seraient évitées et à celles qu'on soutiendrait encore, on mettrait fin plus facilement. Chaque nation reconnaîtrait, en outre, ce qu'on appelle quelquefois "l'équation personnelle", et au lieu de blâmer la nation voisine à cause d'une différence d'opinion, chacune chercherait un moyen terme entre les deux manières de voir, aucune ne soutiendrait exclusivement la sienne propre.

La question pratique par excellence, qui se pose à l'individu dés qu'il a connaissance de ce continuel et général transfert de la pensée, est la suivante : Quel bien puis-je retirer, quel mal puis-je éviter, dès lors que je vis dans une atmosphère mélangée, où les ondes de pensées, bonnes et mauvaises, sont sans cesse actives et frappent sans cesse mon cerveau ? Comment puis-je me mettre en garde contre une transmission de pensée préjudiciable et comment puis-je profiter d'une autre salutaire? Il est d'une importance capitale de savoir comment nous pouvons faire la sélection.

Chacun de nous est la personne qui exerce la plus constante influence sur son propre corps mental. Les autres le modifient occasionnellement, lui toujours. L'orateur que nous écoutons, l'auteur dont nous lisons le livre exercent une influence sur notre corps mental. Mais ce sont des incidents dans notre vie, tandis que nous-mêmes nous sommes un facteur permanent. Notre propre influence sur la composition de notre corps mental est beaucoup plus forte que celle de n'importe qui, et c'est nous-mêmes qui fixons le mode de vibrations normal de notre mental. Les pensées qui ne s'harmonisent pas avec ce mode seront rejetées de côté lorsqu'elles arriveront au contact du mental. Si l'homme pense la vérité, un mensonge ne pourra pas élire domicile en son cœur; s'il a des pensées d'amour, la haine ne pourra pas le troubler; s'il pense selon la sagesse, l'ignorance ne pourra pas le paralyser. C'est en cela seulement que résident la Sécurité, la puissance réelle. On ne doit pas tolérer que le mental reste en jachère, car alors n'importe quelle semence de pensée pourrait y prendre racine et s'y développer; on ne doit pas tolérer qu'il vibre comme il veut, par la raison qu'il répondrait à n'importe quelle vibration.

C'est en cela que réside la leçon pratique. L'homme qui l'appliquera en découvrira vite la valeur, il s'apercevra que par la pensée on peut rendre la vie plus noble et plus heureuse et que, par la sagesse, on peut effectivement mettre fin à la souffrance.

CHAPITRE IV

LES DÉBUTS DE LA PENSÉE

Peu de personnes, en dehors du cercle de celles qui étudient la psychologie, se sont préoccupées de résoudre cette question : D'où provient la pensée ? Lorsqu'aujourd'hui nous venons au monde, nous nous trouvons en possession d'une forte somme de pensées toutes faites, d'une vaste réserve de ce que nous appelons "idées innées". Ce sont des conceptions que nous apportons avec nous en venant au monde, ce sont les résultats condensés ou résumés des expériences que nous avons faites dans les existences qui ont précédé notre existence actuelle. Munis de cet approvisionnement mental, nous commençons à agir dans cette vie, et jamais le psychologue n'est à même d'étudier, par l'observation directe, les débuts de la pensée.

Il peut, cependant, apprendre quelque chose en observant un enfant, car de même que le corps physique du nouveau-né parcourt rapidement, dans la vie prénatale, la longue évolution physique du passé, de même le corps mental nouveau traverse rapidement les étapes de son long développement antérieur. Il est vrai que le "corps mental" n'est nullement identique à la "pensée" et que, par suite, même en étudiant le nouveau corps mental lui-même, nous n'étudions aucunement, en réalité, les "commencements de la pensée" ; cela nous paraîtra encore bien plus vrai si nous considérons que peu de gens peuvent même étudier le corps mental directement et qu'ils en sont réduits à observer les effets des actions de ce corps sur son associé plus dense, le cerveau physique avec le système nerveux. La "pensée" est aussi distincte du corps mental que du corps physique : elle appartient à la conscience, à la vie, tandis que les corps mental et physique appartiennent, *l'un comme l'autre*, à la forme, à la matière et sont de simples véhicules transitoires, de simples instruments. Ainsi qu'il a déjà été dit, l'étudiant doit avoir toujours présente à la mémoire "la distinction entre celui qui connaît et le mental, qui est l'instrument au moyen duquel il obtient la connaissance" — ainsi que la définition

déjà donnée du mot "mental", à savoir "le corps
mental joint à Manas", c'est-à-dire un composé.

Nous pouvons, cependant, en étudiant les effets
de la pensée sur ces corps lorsqu'ils sont nouveaux,
acquérir, en raisonnant par analogie, quelques no-
tions relatives aux débuts de la pensée, au moment
où le Moi, dans un univers donné, prend pour la
première fois contact avec le Non-Moi. Ces observations pourront nous aider en vertu de l'ada-
ge : "En bas comme en haut". Toute chose n'est ici
qu'une réflexion, et en étudiant les réflexions nous
pouvons apprendre quelque chose sur les objets
qui les produisent.

Si l'on observe soigneusement un enfant, on
verra que les sensations — les réponses aux exci-
tations par les sentiments de plaisir et de peine et
premièrement par les sentiments de peine, précèdent toute marque d'intelligence. C'est-à-dire que
les sensations vagues précèdent les connaissances
précises. Avant sa naissance, l'enfant subsistait
grâce aux forces de vie se transmettant à travers
le corps maternel. Au moment où il est lancé dans
l'existence, indépendant, ces forces lui sont suppri-
mées. La vie se retire du corps et n'est pas tout
de suite renouvelée ; lorsque les forces de vie dimi-
nuent, un besoin se fait sentir, et ce besoin est une

douleur. La satisfaction du besoin donne le bienêtre, le plaisir, et l'enfant retourne à l'inconscience.
Bientôt la vue et le son éveillent des sensations,
mais il n'y a encore aucune marque d'intelligence.
Il y en a pour la première fois lorsque la vue ou la
voix de la mère (ou de la nourrice), est associée à
la satisfaction du besoin sans cesse renaissant, au
plaisir occasionné par la nourriture ; l'intelligence
apparaît lorsque, dans la mémoire ou par elle, un
groupe de sensations qui se reproduisent, se trouve
associé à un même objet externe, cet objet étant
considéré comme distinct de ces sensations et
comme leur cause. La pensée est la connaissance
d'un rapport entre une pluralité de sensations et
une unité qui les relie. C'est la première expression
de l'intelligence, la première pensée — en langage
technique, une "perception". Son essence est l'établissement de la relation précédemment décrite
entre une unité de conscience — un Jîva — et un
objet, et partout où cette relation est établie, la
pensée est présente.

Ce fait simple et toujours vérifiable peut servir
d'exemple général pour nous montrer le commencement de la pensée dans un Moi isolé, c'est-à-dire
dans un triple Moi, renfermé dans une enveloppe de
matière, si subtile soit-elle, dans *un* Moi distinct *du*

Moi [7] ; dans ce Moi isolé, les sensations précèdent les pensées, l'attention du Moi est éveillée par une impression faite sur lui et à laquelle il répond par une sensation. Le sentiment massif du besoin, dû à la diminution de l'énergie vitale, est impuissant par lui-même à éveiller L'attention ; mais ce besoin est satisfait par le contact du lait qui produit une impression locale définie, impression suivie d'un sentiment de plaisir. Après que le phénomène s'est souvent répété, le Moi atteint le monde extérieur, vaguement, en tâtonnant ; il se porte vers le monde extérieur, par suite de la direction de l'impression qui est venue du dehors. L'énergie vitale se répand ainsi dans le corps mental et le vivifie, de sorte qu'il réfléchit — faiblement d'abord — l'objet qui, en prenant contact avec le corps, a causé la sensation. Cette modification dans le corps mental, répétée mainte et mainte fois, stimule le Moi sous son aspect cognitif et il vibre d'une manière correspondante. Il a éprouvé le besoin, le contact, le plaisir, et avec le contact une image se présente, l'oeil étant affecté en même temps que les lèvres, car ces deux sensations se sont confondues. Le Moi, en vertu de la nature qui lui est inhérente, relie l'une à l'autre

---

7   Dans un Moi individuel par opposition au Moi indivis. (NDE)

ces trois choses : le besoin, l'image donnée dans le contact et le plaisir — et cette liaison constitue la pensée. Tant que le Moi n'a pas répondu par cet acte, il n'y a pas de pensée ; c'est le Moi qui perçoit, ce n'est ni un autre agent, ni un agent inférieur.

Par cette perception, le désir se spécialise, il cesse d'être une vague aspiration vers n'importe quoi, il devient une aspiration définie vers quelque chose de déterminé — le lait. Mais la perception a besoin d'être révisée, car le sujet connaissant a associé trois choses ensemble et l'une d'elles doit être séparée des autres — à savoir : le besoin. Il est significatif qu'à un stade peu avancé la vue de la personne qui donne le lait éveille le besoin, le sujet connaissant évoquant le besoin lorsqu'apparait l'image qui lui est associée ; l'enfant qui n'a pas faim pleure pour avoir le sein lorsqu'il voit sa mère ; plus tard ce lien erroné est rompu et l'image de la nourrice est associée au plaisir, comme sa cause ; elle est regardée alors comme l'objet du plaisir. Le désir qu'a l'enfant de sa mère est ainsi constitué et devient, dès lors, un nouvel excitant pour la pensée.

RELATION ENTRE LA SENSATION ET LA PENSÉE

"L'esprit, tel que nous le connaissons", dit
H. P. Blavatsky, "peut se résoudre en états
de conscience variant en durée, intensité,
complexité, etc., mais, au bout du compte,
tous basés sur la sensation qui est toujours
maya." [8]

Quelques auteurs sont allés plus loin et ont
déclaré, non seulement que les sensations sont
des matériaux à l'aide desquels les pensées sont
construites, mais encore que les pensées sont
produites par les sensations, écartant ainsi tout
Penseur, tout sujet connaissant. D'autres, à l'extrême opposé, considèrent la pensée comme le résultat de l'activité du sujet connaissant, activité qui
serait produite du dedans, au lieu de recevoir du
dehors la première impulsion, les sensations étant
les *matériaux* auxquels le Penseur applique les facultés spécifiques qui lui sont inhérentes, mais non
la *condition* nécessaire de son activité.

Ces deux manières de voir — celle qui fait de
la pensée le produit des seules sensations et celle

---

8   *Doctrine secrète*, I, 38, note, 2e édit.

qui en fait le produit du sujet connaissant — renferment chacune une part de vérité, mais la vérité absolue est entre les deux conceptions. S'il est nécessaire à l'éveil du sujet connaissant que les sensations agissent sur lui du dehors et si la première pensée produite est la conséquence d'impulsions dues à la sensation, les sensations en sont en un sens les antécédents nécessaires; — cependant, si le Moi n'avait pas en lui la faculté de lier les choses entre elles, si sa propre nature n'était pas de connaître, les sensations pourraient lui être apportées continuellement sans que jamais une pensée se produisît. On n'énonce qu'une moitié de la vérité en disant que les pensées ont leur origine dans les sensations : il faut que celles-ci soient élaborées, qu'une puissance les organise, établisse des liens les rattachant l'une à l'autre, des relations entre elles, ainsi qu'entre elles et le monde extérieur. Le penseur est le père, la sensation la mère, la pensée l'enfant.

Si les pensées ont leur origine dans les sensations et si ces sensations sont dues à des impacts du monde extérieur, il est de la plus haute importance, lorsque se produit une sensation, que la nature et l'étendue de cette sensation soient exactement observées. La première tâche du sujet connaissant est d'observer : s'il n'y avait rien à observer, il demeurerait toujours endormi ; mais lorsqu'un objet lui, est présenté, lorsqu'en tant que Moi il est conscient d'un impact, alors, en tant que sujet connaissant, il observe. De la justesse de son observation dépend la pensée qu'il va façonner, en rassemblant un grand nombre d'observations analogues. S'il observe inexactement, s'il établit une relation erronée entre l'objet qui a causé l'impact et lui-même, qui observe cet impact — de cette erreur dans son travail découleront, en conséquence, une multitude d'erreurs qui ne pourront être redressées autrement qu'en reprenant les choses dès leur commencement.

Voyons maintenant, dans un cas particulier, le rôle de la sensation et celui de la perception. Supposons que je sente un contact sur ma main le contact produit provoque en réponse une sensation ; la reconnaissance de l'objet qui a produit la sensation est une pensée. Lorsque je sens un attouchement, je sens, et il n'y a rien de plus à ajouter en ce qui concerne la simple sensation ; mais quand, du sentiment je passe à l'objet qui l'a produit, je perçois cet objet, et la perception est une pensée. Cette perception signifie que, comme sujet connaissant, je reconnais l'existence d'une re-

lation entre moi-même et l'objet, en tant que celui-ci a déterminé en moi une certaine sensation.
Ceci, cependant, n'est pas tout ce qui se produit.
Car j'éprouve, en outre, d'autres sensations de couleur, de forme, de douceur, de chaleur, de texture ;
ces sensations sont reconnues par moi en tant que
sujet connaissant et, aidé par le souvenir d'impressions analogues reçues antérieurement — c'est-à-
dire en comparant d'anciennes images avec celle
de l'objet qui touche ma main — je me prononce
sur la nature de cet objet.

Dans cette perception des choses qui éveillent
en nous un sentiment, réside le germe de la pensée ;
si nous exprimons cela dans le langage métaphysi-
que ordinaire, nous dirons que la perception d'un
Non-Moi comme cause de certaines sensations
du Moi, est le commencement de la connaissance. Le sentiment réduit à lui-même, si cela pouvait se rencontrer, serait impuissant à nous rendre conscients du Non-Moi ; il n'éveillerait qu'un
sentiment de plaisir ou de peine dans le Moi, la
conscience d'une expansion ou d'une contraction. Nulle évolution ultérieure ne serait possible,
si l'homme n'était capable de rien de plus que de
sentir ; c'est seulement lorsqu'il reconnaît les objets
comme étant des causes de plaisir et de peine, que

l'éducation de l'homme commence. C'est sur le fait d'établir une relation consciente entre le Moi et le Non-Moi que repose l'évolution future tout entière, et cette évolution se ramènera, en grande partie, à ce que ces relations deviendront de plus en plus précises de la part du Moi connaissant. Chez celui-ci, le déploiement extérieur commence lorsque la conscience qui vient de s'éveiller, d'éprouver du plaisir ou de la peine, tourne son regard vers le monde extérieur et déclare : "Cet objet m'a donné du plaisir ; celui-ci de la peine".

Un grand nombre de sensations doivent être éprouvées avant que le Moi réponde par un jugement extérieur. Il y a alors un tâtonnement obscur, confus, en vue de rencontrer le plaisir, provenant, chez le Moi doué de volonté, du désir d'éprouver une répétition du plaisir. Et c'est là un bon exemple du fait mentionné plus haut, qu'il n'existe ni pensée pure, ni sentiment pur ; car le "désir d'une répétition du plaisir" implique que l'image du plaisir demeure dans la conscience, si faible y fût-elle, et c'est là un fait de mémoire qui appartient à la pensée. Pendant longtemps, le Moi à demi éveillé va à la dérive d'un objet à un autre, se heurtant au hasard contre le Non-Moi, sans qu'aucune direction soit donnée à ces mouvements par la conscience, éprouvant du plaisir et de la peine sans aucune perception de la cause de l'un ou de l'autre. C'est seulement lorsque ceci a duré longtemps, que la perception, mentionnée plus haut, devient possible et qu'une relation s'établit entre le sujet connaissant et l'objet connu.

CHAPITRE V

LA MÉMOIRE :
NATURE DE LA MÉMOIRE

Lorsqu'une relation est établie entre un plaisir et un certain objet, alors s'éveille le désir précis d'obtenir à nouveau cet objet et par-là de répéter le plaisir. Ou bien, s'il s'agit d'une liaison entre une peine et un certain objet, le désir précis qui s'éveille est celui d'éviter cet objet et d'échapper ainsi à la peine. En réponse à la stimulation, le corps mental reproduit aussitôt l'image de l'objet ; car, par suite de la loi générale en vertu de laquelle l'énergie se transmet dans la direction de la moindre résistance, la substance du corps mental prend, plus facilement que toute autre forme, celle qu'elle a déjà souvent revêtue ; cette tendance à reproduire, sous l'action d'une énergie nouvelle, des vibrations précédemment émises, est due à Tamas, à l'inertie de la matière et constitue le germe de la Mémoire. Les molécules de matière qui ont été groupées ensemble se disjoignent lentement lorsque d'autres énergies agissent sur elles, mais elles conservent pendant un temps assez long la tendance à reprendre leurs rapports réciproques ; si une impulsion, pareille à celle qui les avait une première fois groupées, leur est imprimée, elles retombent bientôt dans leur ancienne position. En outre, lorsque le sujet connaissant a vibré d'une manière spéciale, ce *pouvoir de vibrer* subsiste en lui, et dans le cas d'un objet qui a procuré du plaisir (ou de la peine), le désir d'avoir cet objet (ou de l'éviter), libère le dit pouvoir, le pousse pour ainsi dire au dehors, et fournit ainsi au corps mental, le stimulant nécessaire.

L'image ainsi produite est reconnue par le sujet connaissant et dans l'un des deux cas l'attraction causée par le plaisir lui fait reproduire aussi l'image de ce plaisir. Dans l'autre cas, la répulsion causée par la douleur ramène l'image de cette douleur. L'objet et le plaisir — ou l'objet et la peine — sont associés dans l'expérience, et quand se produit la série de vibrations qui composent l'image de l'objet, celle qui constitue le plaisir — ou la peine — surgit aussi, de sorte que le plaisir ou la peine, est éprouvé à nouveau, *en l'absence de l'objet*. C'est là la mémoire sous sa forme la plus simple : une vibration spontanée, de même nature que celle qui a causé le plaisir — ou la peine — et causant à nouveau le même sentiment. Ces images sont moins fortes et, par suite, paraissent au sujet connaissant moins vives et moins réelles que celles causées par le contact d'un objet extérieur, les lourdes vibrations physiques conférant une grande énergie aux images mentales et à celles du désir ; mais, au fond, les vibrations sont identiques, et la mémoire est la reproduction que fait, dans la matière mentale, le sujet connaissant, des objets avec lesquels il s'est déjà trouvé en contact. Cette reproduction peut être — et elle est — répétée mainte et mainte fois, dans une matière de plus en plus subtile, indépendamment de tout sujet connaissant particulier : la totalité de ces reproductions forme le contenu partiel de la mémoire du Logos, Maître de l'Univers. Ces images d'images peuvent être obtenues par n'importe quel sujet connaissant particulier, dans la mesure où il a développé en lui le "pouvoir de vibrer" dont nous avons parlé antérieurement. De même que, dans la télégraphie sans fil, une série de vibrations composant un message peut être enregistré par n'importe quel récepteur convenable —

c'est-à-dire par tout récepteur capable de reproduire ces vibrations — de même, un pouvoir de vibration latent, chez un sujet connaissant, peut être
mis en activité par une vibration analogue, dans les
images cosmiques. Celles-ci, sur le plan akâshique,
constituent les "annales akâshiques" dont il est
souvent parlé dans la littérature théosophique, et
elles demeurent à travers toute la vie du système.

LA MAUVAISE MÉMOIRE

Si nous voulons comprendre ce qui constitue
la "mauvaise mémoire", il nous faut examiner les
processus mentaux nécessaires à la production de
ce qu'on appelle la mémoire. Bien que, dans la
plupart des livres de psychologie, on parle de la
mémoire comme d'une faculté mentale, il n'existe
pas, en réalité, de faculté spéciale à laquelle ce nom
puisse être donné. La persistance d'une image
mentale n'est due à aucune faculté spéciale, mais
dépend de la *qualité* générale du mental; dans un
mental faible, la persistance est faible, comme tout
le reste et — semblable à une substance trop fluide
pour conserver la forme du moule dans lequel elle
a été versée — l'image perd vite la forme qu'elle

avait prise. Là où le corps mental est faiblement organisé, où il n'est qu'un agrégat distendu de molécules de matière mentale, une masse nuageuse sans grande cohérence — la mémoire sera certainement très faible. Mais cette faiblesse est générale, non spéciale ; elle s'applique au mental tout entier et est due au stade peu élevé de son évolution.

Lorsque le corps mental s'organise et que les puissances du Jîva opèrent en lui, on rencontre souvent encore ce qu'on appelle une "mauvaise mémoire". Mais si l'on observe cette "mauvaise mémoire", on constate qu'elle n'est pas fautive en tous points, que certaines choses sont exactement remémorées et que le mental les retient sans effort. Si nous examinons alors ces choses, nous découvrons qu'elles intéressent vivement l'esprit, en un mot, que les choses qui plaisent beaucoup ne sont pas oubliées. J'ai connu une femme qui se plaignait de sa mauvaise mémoire en ce qui concernait ce qu'elle étudiait — mais en même temps j'ai observé en elle une mémoire qui retenait très bien les détails d'une toilette qu'elle avait admirée. Le corps mental de cette femme, à tout prendre, était loin de présenter aucune insuffisance de mémoire, et lorsqu'elle observait les choses avec soin et attention, de façon qu'une image mentale claire se produisit, cette image persistait pendant une durée normale. Ceci nous est une clef pour comprendre la "mauvaise mémoire".

Elle est due à un manque d'attention, à un manque de précision dans l'observation et, par suite, à une confusion dans la pensée. La pensée confuse, c'est l'impression inexacte produite par l'observation distraite et le manque d'attention, tandis que la pensée claire est l'impression nette due à l'attention appliquée et concentrée, à l'observation précise. Nous ne nous rappelons pas les choses dont nous faisons peu de cas, mais nous nous souvenons bien de celles qui nous intéressent vivement.

Comment conviendrait-il donc de traiter une "mauvaise mémoire"?

Tout d'abord il faudrait noter les choses pour lesquelles elle est mauvaise et celles qu'elle retient bien, afin de pouvoir apprécier l'aptitude générale à retenir. Puis il faudrait examiner minutieusement les choses pour lesquelles la mémoire est mauvaise, afin de voir si elles valent d'être retenues ou si ce sont choses dont nous n'avons cure. Si nous constatons que ce sont des choses de peu d'intérêt pour nous, mais dont à nos meilleurs moments nous sentons devoir nous soucier, notre devoir est de nous dire : "Je veux y faire attention, je veux observer ces

choses très exactement, je veux y penser soigneusement et avec persistance." En agissant ainsi, nous
constaterons que notre mémoire progressera. Car,
ainsi que nous l'avons dit, la mémoire dépend, en
fait, de l'attention, de l'exacte observation et de la
clarté de la pensée ; pour fixer l'attention, le facteur
de l'attraction est important, mais s'il fait défaut, la
volonté doit prendre sa place.

Or c'est précisément ici que s'élève une difficulté très précise et très généralement sentie.
Comment "la volonté" peut-elle prendre la place
de l'attraction ? Qu'est-ce qui mettra la volonté elle-même en branle ? L'attraction soulève le désir et
le désir, à son tour détermine le mouvement vers
l'objet attrayant. Mais, dans le cas supposé, le désir fait défaut. Comment cette absence sera-t-elle
compensée par la volonté ? La volonté est la force
qui amène l'action, lorsque cette force est déterminée dans sa direction par la raison réfléchie, et non
par l'attraction des objets extérieurs. Lorsque l'impulsion à l'acte, ce que j'ai souvent appelé l'énergie
d'expansion du Moi, est produite par les objets extérieurs, est *attirée*, nous appelons cette impulsion
désir ; lorsqu'elle vient de la raison pure, lorsqu'elle
est *émise*, nous l'appelons : volonté. Ce qui, alors,
est nécessaire, en l'absence de toute attraction du

dehors, c'est une illumination du dedans, et le motif doit être fourni à la volonté par un examen intellectuel de la situation, par un exercice du jugement en quête du souverain bien, but de tous les
efforts. Ce que la Raison choisit comme le moyen
contribuant le plus au bien du Moi, sert de motif à
la volonté. Et lorsqu'on a procédé ainsi une fois de
propos délibéré, alors, même dans les moments de
lassitude, de faiblesse qui pourraient ensuite surve-
nir, le souvenir de l'enchaînement de pensées qui
a amené précédemment le choix stimule encore la
volonté. Ce moyen, délibérément choisi, peut, dès
lors, devenir attrayant, c'est-à-dire l'objet d'un désir, si l'on applique l'imagination à se représenter
les qualités agréables de ce moyen, les effets avan-
tageux — productifs de bonheur — qui résultent
de son emploi. Et comme celui qui veut un objet
veut en même temps les moyens de l'obtenir, nous
devenons capables de surmonter, par l'exercice de
la volonté ainsi motivé, notre répulsion naturelle
pour l'effort et la discipline désagréable.

Dans le cas que nous avons considéré, ayant
constaté que certains objets sont éminemment
désirables parce qu'ils conduisent à un bonheur
prolongé, nous mettons en œuvre notre volonté et

lui faisons déployer l'activité qui nous conduira à l'obtention de ce bonheur.

Dans la culture de la faculté d'observation, comme en toute chose, un peu d'exercice répété quotidiennement est beaucoup plus efficace qu'un grand effort suivi d'une période d'inaction. Nous devrions nous imposer chaque jour la petite tâche d'observer avec soin une chose quelconque, nous la figurant en esprit *dans tous ses détails*, maintenant notre esprit fixé sur elle pendant un certain temps, de même que l'oeil physique peut se fixer sur un objet. Le jour suivant, nous évoquerions l'image, la reproduirions aussi exactement que possible et la comparerions ensuite à l'objet, en observant nos inexactitudes. Si nous consacrions cinq minutes par jour à cet exercice, tour à tour observant un objet et nous le figurant en notre mental, évoquant l'image telle qu'elle était le jour précédent et la comparant à l'objet, nous pourrions "améliorer notre mémoire" très rapidement, et nous améliorerons à coup sûr notre faculté d'observation, d'attention, d'imagination, de concentration ; en somme, nous façonnerions le corps mental et le rendrions apte, bien plus rapidement que ne le fait la nature quand on ne l'aide pas, à remplir ses fonctions avec succès et utilité. Nul ne se soumet à un exercice comme celui-ci sans en ressentir les effets ; et celui qui essaie a bientôt la satisfaction de savoir que ses facultés mentales ont progressé et sont bien mieux soumises au contrôle de la volonté.

Les procédés artificiels en vue d'améliorer la mémoire présentent les choses à l'esprit sous une forme attrayante ou associent à cette forme les choses qui doivent être remémorées. Une personne qui visualise [9] aisément aide sa mauvaise mémoire en construisant un tableau et associe à certains points de ce tableau les choses dont elle désire se souvenir ; l'évocation du tableau ramène ainsi les choses qu'il s'agissait de se rappeler. D'autres personnes, chez qui l'ouïe prédomine, se souviennent, grâce à la sonorité des rimes et enchâssent, par exemple, une série de dates ou autres faits peu attrayants, en des vers qui "se gravent dans l'esprit". Mais la méthode rationnelle, exposée plus haut en détail, est bien supérieure à tous ces moyens ; par son usage le corps mental est mieux façonné et devient plus cohérent dans ses matériaux.

---

9   C'est-à-dire *qui imagine*, en donnant à ce mot son sens étymologique. (NDÉ)

LA MÉMOIRE ET LA PRÉVISION

Retournons à notre Moi connaissant qui n'est pas encore développé.

Lorsque la mémoire commence à fonctionner, la prévision la suit bien vite, car la prévision n'est autre chose que la mémoire portée en avant. Quand celle-ci nous fournit la reproduction d'un plaisir éprouvé jadis, le désir cherche à saisir de nouveau l'objet qui a procuré le plaisir, et lorsqu'on se représente cette reproduction comme résultant de la découverte de l'objet dans le monde extérieur et du plaisir qui s'ensuivra, c'est alors qu'on a affaire à la prévision.

Le sujet connaissant s'arrête à considérer l'image de l'objet et celle du plaisir dans leurs relations l'une avec l'autre ; s'il ajoute à cette contemplation le facteur du temps, du passé et de l'avenir, elle peut prendre deux noms : *avec* l'idée du passé, cette contemplation est la mémoire, *avec* l'idée de l'avenir, c'est la prévision.

À mesure que nous étudions ces images nous comprenons toute la portée de l'aphorisme de Patânjali d'après lequel, pour, la pratique du Yoga, l'homme doit arrêter les "modifications du principe pensant". Considéré du point de vue de la science occulte, tout contact avec le Non-Moi modifie le corps mental. Une partie de la substance dont est composé ce corps est réemployée comme copie ou image de l'objet extérieur. Lorsque des relations s'établissent entre ces images, nous avons la pensée, au point de vue "forme". Parallèlement à cela, des vibrations se produisent dans le sujet connaissant lui-même et ces modifications survenues au-dedans de lui constituent la pensée, au point de vue "vie". Il ne faut pas oublier que l'établissement de ces relations est l'œuvre propre du sujet connaissant, c'est ce qu'il ajoute aux images par une addition qui transforme celles-ci en pensées. Les images, dans le corps mental ressemblent beaucoup par leur caractère aux impressions produites sur une plaque sensible par les ondulations de l'éther, venu d'au-delà du spectre lumineux et qui agissent chimiquement sur les sels d'argent, modifient la disposition de la matière sur la plaque sensible, de sorte qu'il s'y forme des images des objets devant lesquels cette plaque a été exposée. De même, sur cette plaque sensible que nous nommons corps mental, les matériaux sont modifiés dans leur disposition de manière à fournir une image des objets avec lesquels le sujet s'est trouvé en contact. Le sujet connaissant perçoit ces images par les vibrations qu'elles éveillent en lui, il les étudie et au bout d'un certain temps commence à les organiser, à les modifier par les vibrations qu'à son tour il émet vers elles. En vertu de la loi dont il a déjà été parlé, cette énergie suit la ligne de moindre résistance ; le sujet connaissant façonne et refaçonne les mêmes images, il crée des images d'images ; tant qu'il se borne à cette simple reproduction, avec l'addition du temps, comme seul facteur, nous avons, ainsi qu'il a déjà été dit, la mémoire et la prévision.

La pensée concrète n'est, après tout, que la répétition, dans une matière plus subtile, des expériences quotidiennes, avec cette différence que le sujet connaissant peut en arrêter et en changer la suite, les répéter, en accélérer ou en ralentir le défilé, à sa guise. Il peut s'attarder à une image quelconque, méditer sur elle, s'y arrêter et il retrouvera ainsi, en réexaminant à loisir ses expériences passées, bien des choses qui lui avaient échappé au cours de ces expériences, lié qu'il était à la roue du temps qui tourne sans hâte comme sans trêve. Dans son propre domaine il peut, selon son désir, faire que le temps s'écoule plus ou moins vite, ainsi que le fait le Logos pour ses mondes ; mais il ne peut échapper à la succession qui est l'essence même du temps, aussi longtemps qu'il n'a pas atteint la conscience

du Logos, en se libérant des entraves de la matière ;
et même alors il ne le peut qu'en ce qui touche au
système dont il fait partie.

CHAPITRE VI

LE DÉVELOPPEMENT DE LA PENSÉE :
L'OBSERVATION ET SA VALEUR

La première condition requise pour penser d'une façon convenable, c'est une attentive et exacte observation. Le Moi, en tant que sujet connaissant, doit observer le Non-Moi avec attention et exactitude puisque celui-ci doit devenir le connu et se fondre ainsi dans le Moi.

La seconde condition requise, c'est la réceptivité et la ténacité du corps mental, le pouvoir de céder rapidement aux impressions et de les retenir après qu'elles se soient produites.

C'est en proportion de l'attention et de l'exactitude d'observation du sujet connaissant — de la réceptivité et de la ténacité de son corps mental — que son évolution sera plus rapide, que ses facultés latentes deviendront plus vite des puissances actives.

Si le sujet connaissant n'a pas exactement observé l'image mentale ou si le corps mental, non développé, a été insensible à toutes les vibrations d'un objet extérieur, sauf aux plus fortes, s'il a été par suite modifié de manière à ne fournir qu'une reproduction imparfaite, les matériaux de la pensée sont inexacts et erronés. Le contour général est seul obtenu tout d'abord, les détails étant obscurcis ou même omis. À mesure que nous développons nos facultés et que nous édifions notre corps mental à l'aide d'une substance plus fine, nous constatons que le même objet extérieur nous fournit beaucoup plus qu'au temps où notre développement n'était pas effectué. Nous trouvons ainsi beaucoup plus de choses dans un objet que nous n'en trouvions auparavant.

Supposons deux hommes au milieu d'un champ, en présence d'un splendide coucher de soleil. Supposons que l'un d'eux soit un laboureur dont les facultés ne sont aucunement développées, qui n'a pas l'habitude d'observer la nature, si ce n'est au point de vue des récoltes, qui n'a regardé le ciel que pour voir s'il annonçait la pluie ou le beau temps, ne se souciant en rien de son aspect, si ce n'est en tant qu'il est favorable aux moyens de subsistance et au genre de vie du laboureur.

Supposons que le second soit un artiste, un peintre de talent, rempli d'amour pour la beauté, exercé à voir et à goûter chaque nuance de couleur, chaque jeu de lumière. Chez le laboureur, les corps physique, astral et mental sont tous trois en présence de ce splendide coucher de soleil, et toutes les vibrations ainsi produites agissent sur les véhicules de la conscience du spectateur; celui-ci aperçoit au ciel différentes couleurs, il remarque qu'il y a beaucoup de rouge, présage d'une belle journée pour le lendemain, ce qui est, suivant les cas, bon ou mauvais pour les récoltes. C'est tout ce que notre laboureur retire du spectacle. Chez le peintre, les corps physique, astral et mental sont tous trois exposés exactement aux mêmes vibrations, mais combien le résultat diffère! La fine substance des corps de ce peintre reproduit un million de vibrations, trop rapides et trop subtiles pour ébranler la grossière étoffe de l'autre. En conséquence, notre peintre aura du coucher de soleil une image absolument différente de celle qu'en a le laboureur. Les teintes délicates de la couleur, une nuance se fondant dans une autre, un bleu et un rose transparents, le vert le plus pâle éclairé de rayons dorés et tacheté d'une pourpre royale; tout cela est goûté par le spectateur artiste avec une joie à laquelle il s'attarde, dans une extase de ravissement sensuel; toutes les émotions délicates sont éveillées, l'amour et l'admiration se changent insensiblement en vénération et en joie de ce qu'une telle beauté soit; des idées naissent, fécondes en inspiration, à mesure que le corps mental se modifie sous l'action des vibrations éprouvées sur le plan mental et produites par l'aspect mental du soleil couchant. La différence des images n'est pas due à une cause externe, mais à une réceptivité interne. Elle ne vient pas du dehors, mais de l'aptitude à répondre du dedans. Elle ne réside pas dans le Non-Moi, mais dans le Moi et dans ses enveloppes. Le résultat produit est conforme à cette différence: combien pauvre dans l'un des cas, combien riche dans l'autre!

Nous voyons ici avec une force saisissante la portée de l'évolution du sujet connaissant. Un univers de beauté peut nous envelopper, ses émanations peuvent agir sur nous de toutes parts, et cependant il peut être pour nous non-existant. Tout ce qui est contenu dans le mental du Logos de notre système agit actuellement sur nous et sur notre corps. Ce que nous en pouvons recevoir marque le stade de notre évolution. Ce qui est nécessaire à notre développement opère en nous. Toutes choses nous sont déjà données, mais il, nous reste à développer la capacité d'utilisation.

Il ressort de ce que nous venons de dire qu'un des éléments de la pensée claire est l'observation exacte. Nous devons commencer à nous y appliquer dès le plan physique, où nos corps sont en contact avec le Non-Moi. Nous franchissons les échelons en montant, et toute évolution commence sur le plan inférieur pour passer au plan supérieur ; sur le premier, nous prenons d'abord contact avec le monde extérieur et de là, les vibrations montent — ou se dirigent vers le dedans — éveillant les puissances intérieures.

L'observation exacte est donc une faculté qu'il faut cultiver d'une manière précise. La plupart des gens traversent le monde, les yeux à demi-fermés, et nous pouvons tous vérifier cela sur nous-mêmes en nous interrogeant sur ce que nous avons remarqué en passant le long d'une rue. Nous pouvons nous demander : "Qu'ai-je remarqué en descendant cette rue ?" Un grand nombre de personnes n'auront à peu près rien observé, aucune image claire ne se sera formée dans leur mental. D'autres auront observé une faible quantité de choses ;

d'autres en auront observé beaucoup. Houdin [10]
raconte qu'il avait habitué son fils à observer le
contenu des boutiques devant lesquelles il passait,
lorsqu'il traversait les rues de Londres — jusqu'à
ce que l'enfant pût lui énumérer tout le contenu
d'une devanture devant laquelle il avait passé sans
s'arrêter, après n'y avoir jeté qu'un simple regard.
L'enfant normal et le sauvage sont tous deux ob-
servateurs, et c'est leur capacité d'observation qui
donne la mesure de leur intelligence. L'habitude de
l'observation claire et rapide constitue, chez l'homme moyen, la racine de la pensée claire. Ceux chez
qui l'on constate la plus grande confusion dans la
pensée sont, en général, ceux qui observent avec le
moins d'exactitude, — excepté le cas où l'intelligence est hautement développée, mais dirigée vers
le dedans et où les trois corps n'ont pas été exercés
de la manière dont nous avons parlé. La réponse
à la question posée plus haut pourra être ceci: "Je
pensais à autre chose et c'est pourquoi je n'ai pas
observé." Et cette réponse sera bonne, si celui qui
l'a fait pensait à quelque chose de plus important
que l'exercice du corps mental et que la puissance
où atteint l'attention par une observation minu-

---

10   Probablement Robert Houdin, le célèbre prestidigitateur. (NDE)

tieuse. Dans ce cas, un homme peut avoir eu raison dans son manque d'observation ; mais s'il n'a fait que rêver, laissant aller sa pensée à la dérive, sans but — il a alors gaspillé son temps bien plus que s'il avait dirigé ailleurs son énergie.

Un homme profondément plongé dans une pensée n'observera pas les objets devant lesquels il passe, son regard sera tourné vers le dedans et non vers le dehors, et il ne prêtera aucune attention à ce qui se produira sous ses yeux. Il se peut qu'en cette vie il ne s'agisse pas pour lui de dresser ses trois corps à faire des observations quasi-indépendantes, car l'individu hautement développé et celui qui ne l'est que partiellement ont besoin d'exercices différents.

Mais combien de personnes, parmi celles qui n'observent pas, sont réellement "plongées profondément dans une pensée" ? Pour la plupart, il ne s'agit que d'une nonchalante contemplation de la moindre pensée-image qui se présente, d'un maniement sans but du contenu du mental, à la façon dont une femme désœuvrée manie le contenu de ses armoires à robes ou de sa boite à bijoux. Ce n'est pas là penser, car, nous l'avons vu, penser veut dire établir des relations, ajouter quelque chose qui n'existe pas encore. Dans l'acte de penser, l'attention du sujet connaissant est intentionnellement dirigée sur les pensées-images et s'exerce activement sur elles.

Le développement de l'habitude d'observer fait donc partie de l'éducation du mental et ceux qui la pratiquent trouveront que le mental devient plus clair, augmente en puissance et se laisse gouverner plus aisément, de sorte qu'ils pourront le diriger vers n'importe quel objet donné bien mieux qu'ils n'avaient pu le faire auparavant. Dès lors cette puissance d'observation, une fois définitivement établie, travaille par un procédé automatique, le corps mental et les autres enregistrent des images qui se retrouveront avec profit plus tard, s'il en est besoin, sans réclamer à ce moment l'attention du sujet. Il n'est, alors, plus nécessaire que l'attention de la personne soit dirigée sur les objets présentés aux organes des sens, pour qu'une impression de ces objets se produise et se conserve. Un exemple banal, mais significatif m'est fourni par ma propre expérience. Pendant un voyage en Amérique, la question fut un jour soulevé de savoir quel numéro portait la locomotive d'un train que nous avions pris. Mon mental me présenta immédiatement ce numéro, mais ce n'était là, en rien, un cas de clairvoyance. S'il s'était agi de perception clairvoyante, il eût été nécessaire de chercher à voir le train et son numéro astralement. Sans aucun acte conscient de ma part, mes organes des sens et mon mental avaient observé et enregistré le numéro lorsque le train était arrivé à la station, et lorsqu'il avait été nécessaire de retrouver ce numéro, l'image mentale du train arrivant, avec un numéro sur le devant de la machine, avait surgi tout à coup. Cette faculté, une fois acquise, est des plus utiles, car grâce à elle certaines choses qui se sont passées autour de nous sans avoir attiré notre attention, peuvent néanmoins être retrouvées par nous, si nous examinons les traces qu'en ont enregistrées, pour leur propre compte, nos corps mental, astral et physique.

Cette activité automatique du corps mental, distincte de l'activité consciente du Jîva, a chez nous tous une extension beaucoup plus grande qu'on ne pourrait le supposer, car on a constaté que lorsqu'une personne est hypnotisée, elle raconte un certain nombre de petits événements qui s'étaient produits sans éveiller son attention. Ces impressions gagnent le corps mental à travers le cerveau et s'inscrivent sur celui-ci aussi bien que celui-là. De nombreuses impressions gagnent ainsi le corps mental, qui ne sont pas assez profondes pour pénétrer dans la conscience, non pas que celle-ci puisse les connaître, mais parce qu'à l'état normal elle n'est pas assez en éveil pour retenir autre chose que les impressions très profondes. Dans l'hypnose, le délire ou les rêves, lorsque le Jîva s'est retiré, le cerveau dégage ces impressions qui, d'ordinaire, sont dominées par celles, beaucoup plus fortes, que reçoit et que produit le Jîva; mais si le mental est habitué à observer et à enregistrer, le Jîva peut lui faire reproduire à volonté les impressions produites de la sorte.

Ainsi, si deux personnes, l'une entraînée et l'autre non-entraînée à l'observation, descendent une rue, toutes deux recevront un certain nombre d'impressions, et il se pourra qu'aucune n'en ait alors conscience; mais plus tard la personne habituée à observer sera en état de retrouver ces impressions, tandis que l'autre ne le pourra pas. Comme cette faculté fait la base de la pensée claire, ceux qui désirent cultiver et diriger le pouvoir de la pensée, feront bien de développer en eux l'habitude d'observer et renonceront au plaisir de se laisser nonchalamment entraîner partout où le courant de l'imagination peut les conduire.

L'ÉVOLUTION DES FACULTÉS MENTALES

À mesure que les images s'accumulent, la tâche du sujet connaissant se complique, et par l'action qu'il exerce sur elles, il met en œuvre, l'une après l'autre, chacune des facultés inhérentes à sa nature divine. Il se refuse à n'accepter le monde extérieur que dans ses simples relations avec lui-même, en tant que contenant des objets qui sont pour lui une cause de plaisir ou de peine ; mais, au contraire, le sujet dispose l'une à côté de l'autre les images représentant ces objets, il les étudie sous leurs aspects divers, les transforme entièrement et les considère à nouveau. Il commence aussi à classer ses propres observations. Lorsqu'une image en évoque une autre, il note l'ordre de leur succession. Lorsque la seconde a suivi la première un grand nombre de fois, il commence à s'attendre à la seconde lorsque apparaît la première et relie ainsi l'une à l'autre. C'est là son premier essai de raisonnement et là encore nous sommes en présence d'un appel fait à une faculté inhérente. Il fait ce raisonnement que, puisque A et B sont toujours apparus successivement, *il s'ensuit* que A apparaissant, B également apparaîtra. Cette anticipation étant sans cesse vérifiée, le sujet en vient à rattacher les deux événements l'un à l'autre, en tant que "cause" et "effet", et un grand nombre de ses premières erreurs sont dues à ce qu'il établit trop vite cette relation causale. Ensuite, plaçant les images côte à côte, il observe leurs ressemblances et leurs dissemblances et il développe sa faculté de comparer. Il choisit l'une ou l'autre parce qu'elle lui procure du plaisir, et pour la chercher dans le monde extérieur, il met son corps en mouvement, développant son jugement par ces sélections et leurs conséquences. Il forme ainsi en lui le sentiment de la proportion par rapport à la ressemblance et à la différence, et il groupe les objets ensemble d'après leur ressemblance dominante, les séparant des autres en raison de leur différence principale ; ici encore, le sujet commet bien des erreurs — qu'il corrigera par des observations ultérieures — étant aisément trompé, tout d'abord, par des similitudes superficielles.

Ainsi l'observation, le discernement, la raison, la comparaison, le jugement se forment l'un après l'autre, et ces facultés grandissent par l'exercice ; de la sorte, l'aspect du Moi qui est celui de sujet connaissant, se développe par l'activité des pensées, par l'action et la réaction sans cesse répétés du Moi sur le Non-Moi.

Pour hâter l'évolution de ces facultés, nous devons les exercer consciemment et délibérément, nous servant des circonstances de la vie quotidienne comme d'occasions pour les développer. De même que nous avons vu la puissance d'observation susceptible d'être développée dans la vie journalière, de même pouvons-nous nous habituer à percevoir les points de ressemblance et de dissemblance des objets qui nous entourent; nous pouvons comparer et juger, tout cela consciemment et de propos délibéré. Le pouvoir de la pensée se développe vite par cet exercice volontaire, et devient une chose consciemment maniée et définitivement acquise.

L'ÉDUCATION DU MENTAL

Cultiver le mental dans n'importe quelle direction particulière c'est aussi l'exercer jusqu'à un certain point d'une façon générale, car tout mode précis de culture influe sur l'organisation de la matière mentale dont le corps mental est composé et éveille, en même temps, quelques-unes des facultés du Sujet connaissant. La qualité développée peut être dirigée vers n'importe quel but et servira à quelque fin qu'on l'emploie. Un mental exercé pourra s'appliquer à un sujet nouveau, il le maniera et s'en rendra maître, alors que ce sera chose impossible à un mental non exercé : c'est là ce qui fait l'importance de l'éducation.

Cependant il ne faut jamais oublier que l'éducation du mental ne consiste pas à le bourrer de faits, mais à dégager ses facultés latentes. On ne développe pas le mental en le saturant des pensées d'autrui, mais en exerçant ses propres facultés. On dit des grands Maîtres qui sont à la tête de l'évolution humaine qu'ils connaissent tout ce qui existe sous le soleil. Cela ne veut pas dire que tous les faits qui s'y déroulent sont sans cesse présents à Leur conscience, mais plutôt que ces Maîtres ont si bien développé en Eux l'aspect de la connaissance que lorsqu'Ils dirigent Leur attention dans une direction quelconque, Ils connaissent l'objet vers lequel Ils se sont tournés. C'est là quelque chose de bien supérieur à l'emmagasinage dans le mental d'un certain nombre de faits ; de même que voir tous les objets sur lesquels l'oeil peut se porter est quelque chose de bien supérieur au fait d'être aveugle et de ne les connaître que par la description d'autrui. Le développement du mental se mesure, non à la quantité d'images qu'il contient, mais au degré où atteint chez lui la connaissance, le pouvoir de reproduire au-dedans de lui un objet quelconque qui lui est présenté. Cette propriété sera aussi utile dans tout autre univers que dans celui-ci, et une fois acquise elle est le nôtre, où que nous puissions nous trouver.

L'ASSOCIATION AVEC LES SUPÉRIEURS

Mais cette œuvre d'éducation du mental peut être grandement facilitée par le contact avec des êtres dont l'évolution est plus avancée que la nôtre. Un morceau de fer posé à terre ne peut pas émettre de vibrations de chaleur ; mais s'il est par hasard, placé près du feu, il pourra répondre aux vibrations de chaleur du feu et, de la sorte, s'échauffer. Lorsque nous sommes placés auprès d'un penseur vigoureux, ses vibrations agissent sur notre corps mental et produisent en lui des vibrations correspondantes, de sorte que nous vibrons sympathiquement avec lui. Momentanément, nous sentons que notre puissance mentale est accrue et que nous sommes en état de saisir des idées qui, d'ordinaire, nous échappent. Mais quand nous nous retrouvons seuls, nous constatons que ces idées sont devenues obscures et confuses.

Certaines personnes écouteront une conférence, la suivront intelligemment, comprenant fort
bien, au moment même, l'enseignement exposé.
Ces personnes sortiront satisfaites, sentant qu'elles ont réalisé un gain réel de connaissance. Le
jour suivant, désireuses de partager avec un ami ce
qu'elles ont gagné, elles seront très mortifiées de
voir qu'elles ne peuvent pas réexposer les idées qui
semblaient si claires et si lumineuses. À maintes
reprises elles s'écrieront, impatientées : "Je suis sûr
que je le sais ; je l'ai là, si seulement je pouvais le tenir !" Ce sentiment provient du souvenir des vibrations éprouvées à la fois par le corps mental et par
le Jîva ; ce qui subsiste, c'est la conscience d'avoir
saisi les idées, la mémoire des formes revêtues et le
sentiment que, s'étant produites, la reproduction
en sera facile. Mais le jour précédent, c'était les
vibrations supérieures du penseur plus vigoureux
qui avaient imposé les formes prises par le corps
mental ; elles avaient été tracées du dehors, non du
dedans. Le sentiment d'impuissance éprouvé lors
de la tentative faite pour les reproduire, indique
qu'elles doivent subir plusieurs fois ce modelage,
avant d'avoir la force suffisante pour se reproduire par des vibrations émises du dedans. Le Sujet
connaissant doit avoir vibré plusieurs fois selon ce

mode supérieur, avant de pouvoir reproduire ces vibrations à volonté. En vertu de la nature propre qui lui est inhérente, il peut développer en lui la faculté de les reproduire, après avoir été amené, à diverses reprises, à répondre au contact extérieur. Le pouvoir est le même chez les deux Sujets connaissants, mais il a été développé par l'un, tandis qu'il est resté latent chez l'autre. Ce pouvoir est tiré de l'état latent par le contact d'un pouvoir analogue déjà en activité, si bien que le plus fort hâte l'évolution du plus faible.

C'est en cela que consiste l'un des avantages du contact avec des personnes plus avancées que nous. Nous profitons à leur contact et nous progressons sous leur influence stimulante. Un véritable Instructeur aidera, par conséquent, beaucoup plus ses disciples en les ayant toujours auprès de lui qu'en leur adressant n'importe quelles paroles.

Pour cette influence, le contact personnel immédiat constitue le moyen le plus effectif. Mais à défaut ou en plus de cela, on peut obtenir beaucoup aussi par les livres, s'ils sont sagement choisis. En lisant l'œuvre d'un écrivain vraiment grand, nous devrions nous efforcer de nous mettre momentanément dans une disposition négative ou réceptive, de manière à recueillir le plus possible de ses vibrations-pensées. Après avoir lu les phrases, nous devrions nous y arrêter, en peser le sens, nous efforcer d'atteindre et de sentir l'idée qu'elles n'expriment que partiellement, en dégager les affinités secrètes. Notre attention devrait être concentrée de manière à pénétrer la pensée de l'auteur à travers le voile de ses paroles. Lire ainsi sert à notre éducation et accélère notre évolution mentale. Une lecture faite avec moins de zèle pourra nous servir d'agréable passe-temps, meubler notre esprit de faits importants et nous être ainsi, d'une manière indirecte, profitable. Mais une lecture, dans les conditions que nous avons dites, stimule notre évolution et ne devrait pas être négligée par ceux qui cherchent à progresser afin de pouvoir servir au progrès d'autrui.

CHAPITRE VII

LA CONCENTRATION

Peu de choses éprouvent autant que la concentration les facultés de l'étudiant qui commence l'éducation de son mental. Aux premiers stades de l'activité du mental, le progrès dépend de la rapidité de la concentration, de sa promptitude à recevoir le choc des sensations l'une après l'autre, c'est-à-dire à diriger vivement l'attention de l'une à l'autre. À ce stade, la mobilité est une qualité des plus précieuses, et l'attention constamment tournée vers le dehors est une condition de progrès. Tant que le mental rassemble des matériaux pour la pensée, l'extrême mobilité est un avantage, et au cours d'existences très, très nombreuses, le mental se développe par cette mobilité et l'accroît encore par l'exercice. L'arrêt brusque de cette habitude de s'extérioriser dans toutes les directions ; l'obligation, imposée à l'attention, de se fixer sur un seul point, sont un changement qui amène naturellement une lutte, un choc, et le mental s'élance, impétueux, comme un cheval non dressé qui sent le mors pour la première fois.

Nous avons vu que le corps mental figurait les images des objets vers lesquels l'attention se dirigeait. Patânjali parle d'arrêter les modifications du principe pensant, c'est-à-dire d'arrêter ces reproductions toujours changeantes du monde extérieur. Arrêter les modifications toujours changeantes du corps mental et le maintenir modelé sur une même image fixe : c'est là la concentration en ce qui concerne la forme ; diriger obstinément l'attention vers cette forme, de façon à la reproduire parfaitement en soi c'est là la concentration, en ce qui concerne le Sujet connaissant.

Dans la concentration, la conscience est maintenue sur une seule image ; l'attention tout entière du Sujet connaissant est fixée sur un seul point, sans osciller ni chanceler. Le mental — qui s'élance sans cesse d'une chose à une autre, attiré par les objets extérieurs et les figurant l'un après l'autre dans une succession rapide — est réprimé, contenu et forcé par la volonté de s'arrêter sur une seule forme, de ne figurer qu'une seule image, en négligeant toute autre impression venant le solliciter.

Or, lorsque le mental est ainsi maintenu dans la reproduction d'une image unique, que le Sujet connaissant contemple obstinément, celui-ci obtient, de l'objet, une connaissance bien plus complète qu'il ne pourrait le faire au moyen de n'importe quelle description verbale. L'idée que nous nous faisons d'un tableau, d'un paysage, est bien plus exacte lorsque nous avons vu la chose, que lorsque nous en avons simplement lu ou entendu la description. Et si nous nous concentrons sur cette description, la scène est figurée dans le corps mental et nous en obtenons une connaissance bien plus complète que nous ne l'aurions eue par la simple lecture. Les mots sont les symboles des choses, et la concentration sur le contour général d'une chose, dessiné par un mot qui la décrit, complète les détails l'un après l'autre, car la conscience est mise plus étroitement en contact avec l'objet décrit.

On ne devra pas oublier que la concentration n'est pas un état passif, mais au contraire un état d'activité intense et réglée. C'est une condition qui, dans le monde mental, ressemble dans le monde physique à la contraction des muscles au moment d'un saut ou à leur tension en vue d'affronter un effort prolongé. De fait, cette tension se manifeste toujours, chez les commençants, par une tension physique correspondante, et la fatigue physique suit l'exercice de la concentration — fatigue des muscles et non pas seulement du système nerveux. De même que si nous fixons obstinément notre oeil sur un objet, il nous devient possible d'en distinguer les détails qui auraient échappé à un coup d'oeil rapide ; de même que la concentration nous permet d'observer les détails d'une idée. Et à mesure que nous augmentons l'intensité de cette concentration, nous relevons plus de choses pendant la même durée, de même qu'un individu, en courant, voit défiler plus d'objets que s'il marchait. Le marcheur dépensera exactement la même somme d'énergie musculaire pour passer devant vingt objets que celui qui court, mais l'émission plus rapide d'énergie correspond au minimum de temps employé.

Au début de la concentration, deux difficultés sont à surmonter. Tout d'abord il s'agit de repousser les impressions qui viennent sans cesse solliciter le mental. Il faut empêcher le corps mental de réagir à ces contacts et il faut surmonter la tendance à répondre aux impressions du dehors ; mais ceci nécessite que l'attention soit en partie dirigée vers la résistance elle-même, et lorsque la tendance à répondre a été vaincue, la résistance elle-même doit cesser; un équilibre parfait est nécessaire : ni résistance ni absence de résistance, mais une ferme quiétude, assez forte pour que les ondes venues du dehors ne produisent aucun résultat, pas même celui, très secondaire, d'amener la conscience de quelque chose à quoi il faut résister.

En second lieu, le mental lui-même doit maintenir momentanément l'image de l'objet de la concentration ; il doit non seulement refuser de se modifier en réponse aux chocs venus du dehors, mais il doit, en outre, suspendre son activité propre appliquée constamment à réorganiser le contenu du mental, à l'examiner, à établir de nouveaux rapports, à découvrir des ressemblances et des différences cachées.

Le mental doit maintenant limiter son attention à un seul objet, se fixer sur lui. Il ne suspend pas, bien entendu, son activité, mais il la dirige tout entière le long d'un seul canal. Lorsque l'eau coule sur une surface très étendue en comparaison de son volume, elle n'a qu'une faible force motrice. La même quantité d'eau dirigée le long d'un canal étroit, avec la même impulsion initiale, renversera un obstacle. De là la valeur de "l'unique direction", sur laquelle les maîtres de la méditation insistent sans cesse. Sans ajouter à la force du mental, sa force *effective* s'en trouve immensément accrue. La vapeur qu'on laisse se répandre dans l'air ne détourne pas un moucheron de sa route, mais dirigée dans un cylindre, la même vapeur ferait mouvoir un piston. Imposer cette tranquillité intérieure est chose encore plus difficile que de soustraire le mental aux chocs extérieurs, car cet exercice intéresse sa vie la plus profonde et la plus pleine. S'isoler du monde extérieur est chose plus aisée que d'établir la paix intérieure, car ce monde intérieur est plus étroitement identifié au Moi et, de fait, chez la plupart des gens, au stade actuel de l'évolution, c'est lui qui représente le "Moi". Cependant, la simple tentative en vue de pacifier le mental réalise bientôt un pas en avant dans l'évolution de la conscience, car nous sentons bien vite que le gouverneur et le gouverné ne peuvent pas ne faire qu'un, et instinctivement nous nous identifions avec le gouverneur : "Je pacifie mon mental", telle est l'expression de la conscience, et l'on sent que le mental appartient au "Moi ", qu'il est une possession de ce "Moi".

Cette distinction s'accentue inconsciemment et l'étudiant se sent devenir conscient d'une dualité, de quelque chose qui contrôle et de quelque chose qui est contrôlé. Le mental inférieur, concret, est séparé de l'autre, le "Moi" est perçu comme ayant une puissance plus grande, une vision plus claire, et il naît le sentiment que ce "Moi" ne dépend ni du corps, ni du mental.

C'est la première constatation ou *sentiment*, dans la conscience, de la véritable nature immortelle, déjà reconnue intellectuellement; cette reconnaissance ayant, en fait, poussé à la concentration, qui se trouve ainsi récompensée. À mesure que l'exercice se continue, l'horizon s'élargit, mais toujours vers le dedans, non vers le dehors, mais continuellement et indéfiniment vers l'intérieur. La faculté de reconnaître à première vue la vérité se développe, mais elle ne se manifeste que lorsque le mental, avec ses lents procédés de raisonnement, est dépassé. Car "je" est l'expression du Moi dont la nature est de connaître et à quelque moment qu'il se trouve en contact avec une vérité, il en reconnaît les vibrations exactes, qui sont ainsi susceptibles de produire en lui une image cohérente, tandis que les vibrations inexactes engendrent une image déformée mal proportionnée, qui révèle sa nature par son apparition même. À mesure que le mental prend une position plus subordonnée, cette puissance de l'Égo affirme sa prédominance, et l'intuition — analogue à la vision directe du plan physique — prend la place du raisonnement que l'on pourrait comparer au sens du toucher sur le plan physique. De fait, l'analogie est plus grande qu'elle pourrait paraître au premier abord. Car l'intuition se développe et procède du raisonnement, qu'elle prolonge de la même manière ininterrompue et sans changement essentiel de nature, tout comme l'oeil se développe et procède du toucher. Il y a, certes, une grande différence de processus ; mais cela ne doit pas nous rendre aveugles à l'ordre régulier de l'évolution. L'intuition de l'être intelligent est l'impulsion, née du désir ; elle est inférieure, et non pas supérieure au raisonnement.

Quand le mental est bien exercé à se concentrer sur un objet et qu'il sait conserver son unité de direction pendant un certain temps, le stade suivant consiste à se détacher de l'objet et à maintenir le mental dans cette attitude d'attention fixe, *sans que l'attention soif dirigée* sur rien. Dans cette condition, le corps mental ne présente aucune image ; ses matériaux sont là, maintenus fermement et solidement, sans recevoir d'impressions, dans un calme parfait, semblable à un lac sans ride. C'est là un état qui ne saurait durer au-delà d'un temps *très* court, de même que "l'état critique" des chimistes, le point de contact entre deux sous-états de matière reconnus et définis. Autrement dit, lorsque le corps mental est pacifié, la conscience s'en échappe pour atteindre et dépasser "le centre laya", point neutre de contact entre le corps mental et le corps causal; le passage est accompagné d'un évanouissement momentané ou perte de conscience — résultat inévitable de la disparition des objets susceptibles d'être appréhendés par elle — suivie d'un état de conscience d'un ordre plus élevé. La disparition des objets de conscience appartenant aux mondes inférieurs est ainsi suivie par l'apparition d'objets de conscience d'un ordre plus élevé. L'Égo peut alors façonner le corps mental conformément à ses propres pensées, désormais élevées, et le pénétrer de ses propres vibrations. Il peut façonner ce corps d'après les hautes visions des plans situés au-delà du sien propre et dont il a entrevu l'éclat dans les instants où il s'est lui-même élevé plus haut: de la sorte il peut faire descendre et répandre nu dehors des idées auxquelles, sans cela, le corps mental serait incapable de répondre. Telles sont les inspirations du génie, qui se fondent sur le mental qu'elles illuminent d'une éblouissante lumière et qui éclairent un monde. L'homme qui les communique au monde pourrait à peine dire lui-même, lorsqu'il est dans son état mental ordinaire, comment elles lui sont venues; il sait seulement que par quelque étrange manière, ... *la puissance qui vibre au-dedans* de mon être, c'est elle qui vit sur ma lèvre et fait signe avec ma main.

LA CONSCIENCE EST PRÉSENTE PARTOUT OÙ IL Y A UN OBJET AUQUEL ELLE RÉPOND

Dans le monde des formes, toute forme occupe un lieu défini et on ne peut pas dire qu'elle soit — s'il m'est permis de m'exprimer ainsi — en un lieu où elle n'est pas. C'est-à-dire qu'occupant une certaine position elle est plus rapprochée ou plus éloignée d'autres formes qui occupent, elles aussi, certaines positions par rapport à la première. Si elle avait à changer de place, il lui faudrait traverser l'espace intermédiaire : la traversée pourrait se faire vivement ou lentement, elle pourrait être rapide comme l'éclair ou progresser aussi paresseusement que la tortue : d'une manière ou d'une autre il faudrait qu'elle se fît et elle demanderait un certain temps, que ce soit peu ou beaucoup.

Mais quand il s'agit de la conscience l'espace n'existe pas en ce sens. La conscience change d'état, non de lieu, elle embrasse plus ou moins, connaît ou ignore ce qui n'est pas dans la mesure elle-même, où elle peut ou ne peut pas, répondre aux vibrations de ces non-moi. Son horizon s'élargit avec sa réceptivité, c'est-à-dire avec sa faculté de répondre aux vibrations et de les reproduire. En cela il n'est pas question de se déplacer, de traverser des espaces intermédiaires. L'espace appartient aux formes, qui s'affectent d'autant plus l'une l'autre qu'elles sont plus rapprochées l'une de l'autre, et leur action réciproque diminue à mesure que croît la distance de l'une à l'autre.

Tous les débutants qui ont réussi à atteindre la concentration ont découvert à nouveau, pour leur propre compte, cette non-existence de l'espace par rapport à la conscience. Un Adepte peut atteindre à la connaissance de n'importe quel objet contenu dans Ses limites propres en concentrant sur lui Son attention, et la distance n'affecte en aucune manière cette concentration. L'Adepte devient conscient d'un objet, situé par exemple sur une autre planète, non pas parce que sa vision astrale agit à la manière d'un télescope, mais parce que, dans la région interne, l'univers tout entier existe représenté par un point; un homme comme l'Adepte atteint le cœur même de la vie et il y voit toutes choses.

Il est écrit dans les Upanishads, qu'à l'intérieur du cœur il existe une petite chambre, au-dedans de laquelle se trouve l' "éther intérieur" coextensif de l'espace : c'est l'Atma, le Moi, qui est immortel, sur lequel la douleur n'a pas de prise :

"À l'intérieur de ce domaine résident le ciel et l'univers ; à l'intérieur de ce domaine se trouvent le feu et l'air, le soleil et la lune, la foudre et les étoiles, tout ce qui est et tout ce qui n'est pas en lui (dans l'univers)." [11]

Cet "éther intérieur du cœur" est une ancienne expression mystique pour dépeindre la nature subtile du Moi, qui est bien vraiment un et partout répandu, de telle sorte que quiconque est conscient dans le Moi est conscient sur tous les points de l'univers. La science déclare que le mouvement d'un corps ici-bas affecte l'étoile la plus éloignée, parce que tous les corps sont plongés dans l'éther, qu'ils sont pénétrés par cet éther, milieu continu qui transmet les vibrations sans frottement, donc sans perte d'énergie et par suite à n'importe quelle distance. Ceci est vrai pour le côté "forme" de la Nature. Il est donc tout naturel que la conscience, le côté vie de la Nature soit pareillement continue et pénètre tout.

---

11   *Chândogyopanishad*, VIII, 1-3.

Nous nous sentons "ici", parce que nous recevons des impressions des objets qui nous entourent. De la sorte, lorsque la conscience vibre en réponse à des objets "éloignés" aussi fortement que s'il s'agissait d'objets "proches" nous nous sentons auprès de ceux-là Si la conscience répond à un évènement qui a lieu sur la planète Mars, aussi distinctement qu'à un évènement qui se passe dans notre chambre, il n'y aura pas de différence dans la connaissance qu'elle aura de l'un et de l'autre, et elle se sentira "Ici" aussi bien dans un cas que dans l'autre. Il ne s'agit pas d'une question de lieu, mais d'une question d'évolution de capacité. Le Sujet connaissant est présent partout où sa conscience peut répondre, et tout progrès de son aptitude à répondre dénote l'accès, dans sa conscience, de tout ce à quoi il répond, de tout ce que comporte son mode spécial de vibration.

Ici encore l'analogie d'ordre physique nous servira. L'oeil voit tout ce qui est capable de lui transmettre des vibrations lumineuses et rien d'autre. Il ne peut répondre que selon un certain mode de vibrations ; tout ce qui est en dehors de ce monde, au-delà ou en deçà, demeure dans l'obscurité pour l'oeil. Le vieil axiome hermétique : "En bas comme en haut" est pour nous un fil dans le labyrinthe

qui nous entoure, et en étudiant le reflet produit
en bas, nous apprenons souvent quelque chose de
l'objet qui, en haut, cause ce reflet.

L'une des différences entre cette faculté d'être
conscient en n'importe quel lieu et celle de "s'élever" aux plans supérieurs, consiste en ce que dans
le premier cas le Jîva, enfermé ou non dans ses véhicules inférieurs, se sent immédiatement en présence des objets "éloignés", tandis que dans le second cas, enveloppé par le corps mental et astral ou
seulement par le corps mental, il passe rapidement
d'un point à un autre et prend conscience de cette
translation. Une autre différence, bien plus importante, c'est que dans le second cas, le Jîva peut, se
trouver au milieu d'une foule d'objets auxquels il
ne comprend rien du tout, monde surprenant et
nouveau où il se sent étranger et déconcerté, tandis
que dans le premier cas il comprend tout ce qu'il
voit, et connaît, en toute circonstance, la vie aussi
bien que la, forme. Ainsi étudiée, la lumière du Moi
Unique rayonné à travers tout et l'on jouit d'une
connaissance sereine, que l'on ne saurait acquérir
en séjournant, fût-ce un nombre incalculable d'années, au milieu de la confusion des formes.

La concentration est le moyen par lequel le Jîva
échappe à l'esclavage des formes et entre dans le

séjour de la paix. "Pour celui qui n'a pas la concentration, la paix n'existe pas" [12], dit le Maître, car la paix fait son nid sur un rocher qui domine de haut les eaux agitées de la forme.

COMMENT ON RÉALISE LA CONCENTRATION

Après avoir compris la théorie de la concentration, l'étudiant doit passer à la pratique.

S'il est d'un tempérament dévotionnel, sa tâche sera bien simplifiée, car il pourra faire alors de l'objet de sa dévotion, celui de sa contemplation, et son cœur étant fortement attiré vers cet objet, son esprit s'y arrêtera volontiers, sans effort, et lui présentera l'image aimée, tandis que les autres seront exclues avec la même facilité. Car le mental est sans cesse entraîné par le désir et pourvoit constamment au plaisir. Ce qui procure des plaisirs est toujours recherché par le mental et il s'efforce toujours de maintenir présentes les images qui donnent du plaisir et d'exclure celles qui sont pour lui des sources de peine. C'est pourquoi il s'arrêtera sur une image agréable, fixé dans cette

---

12   *Bhagavad Gita*, II, 66.

contemplation par le plaisir qu'il y prend : si on l'arrache de force à cette contemplation, il y reviendra sans cesse. Un dévot peut ainsi atteindre très promptement un degré considérable de contemplation, il pensera à l'objet de sa dévotion, créera dans son imagination une figure, une image aussi claire que possible de cet objet, et maintiendra son esprit fixé sur l'image, sur la pensée de l'objet aimé. C'est ainsi qu'un Chrétien pensera au Christ, à la Vierge Mère, à son Saint-Patron, à son Ange Gardien ; c'est ainsi encore qu'un Indou pensera à Maheshvara, à Vishnou, à Umâ, à Shrî Krishna ; un Bouddhiste, pensera de même à Bouddha, au Bodhisattva [13] ; un Parsi, à Ahura-Mazda, à Mithra et ainsi de suite. Chacun de ces objets fait appel à la dévotion du fidèle et l'attraction exercée sur le cœur attache le mental à l'objet, source de plaisir. De la sorte, le mental se concentre avec le moindre effort, la moindre perte d'énergie.

Lorsqu'on n'a pas affaire à un tempérament dévotionnel, le facteur de l'attraction peut encore fournir un secours utile, mais en ce cas il rattache l'esprit à une idée, non à une personne. Les pre-

---

13   *Bodhisattva* (mot sanscrit) ; ce terme désigne, en particulier pour les Indous, une succession de grands Êtres qui remplissent des fonctions élevées dans la hiérarchie de l'Univers. (NDE)

miers essais de concentration devraient toujours être tentés par ce moyen. Chez les natures qui ne sont pas dévotionnelles, l'image qui exercera l'attraction revêtira la forme de quelque idée profonde, de quelque problème élevé; c'est cela qui devrait constituer l'objet de la concentration et c'est à cela que l'esprit devrait être sans cesse appliqué. Ici le pouvoir qui détermine l'attraction est l'intérêt intellectuel, le désir profond de savoir, l'une des passions les plus fortes de l'humanité.

Une autre forme, de concentration très profitable à ceux qui ne sont pas attirés vers une personnalité, objet de leur dévotion, consiste à choisir une vertu et à concentrer l'esprit sur elle. Une dévotion très réelle peut être éveillée par un objet de cette sorte, car il fait appel au cœur à travers l'amour de la beauté intellectuelle et morale. Dans le mental, la vertu devrait être représentée aussi complètement que possible et après qu'il ait jeté un regard d'ensemble sur ses effets, il devrait demeurer fixé sur sa nature essentielle. En outre, un grand avantage de cette sorte de concentration, c'est qu'à mesure que le mental se forme à la vertu et en reproduit les vibrations, cette vertu en vient graduellement à faire partie de la nature et s'incorpore solidement dans le caractère. Cette formation du mental est vraiment un acte d'autocréation, car au bout d'un certain temps, le mental revêt sans peine les formes auxquelles la concentration l'a contraint, et ces formes deviennent les organes de son expression habituelle. Il est très vrai, ainsi qu'on l'a écrit jadis, que:

> "L'homme est la création de la pensée; telles les choses auxquelles il applique son esprit dans cette vie, tel il devient par la suite." [14]

Lorsque le mental se détache de son objet, que celui-ci soit intellectuel ou objet de dévotion — comme cela lui arrivera bien des fois — il faut le ramener et le diriger à nouveau vers son but. Souvent, au début, il errera sans même s'apercevoir qu'il erre et l'étudiant s'éveillera soudain en constatant qu'il pense à quelque chose de différent de l'objet réel de sa réflexion. Cela se renouvellera mainte et mainte fois et l'étudiant devra patiemment ramener le mental au but — exercice fatigant et ennuyeux, mais seul moyen d'arriver à la concentration.

---

14   *Chandogyopanishad.* III. XIV, I.

C'est un exercice mental utile et instructif que celui qui consiste, lorsque le mental a ainsi glissé inconsciemment loin de son objet, à le ramener, en lui faisant suivre à rebours le chemin même, qu'il a suivi dans ses écarts. Ce procédé accroît le contrôle du cavalier sur son cheval échappé et diminue ainsi chez celui-ci la tendance à fuir.

La pensée suivie, bien qu'elle soit un premier pas vers la concentration, ne s'identifie pas avec elle, car dans la pensée suivie, le mental passe d'une suite d'images à l'autre et n'est pas fixé sur une seule. Mais comme c'est chose bien plus aisée que la concentration, le commençant pourra s'en servir pour s'élever à une tâche plus difficile. Il est souvent d'un grand secours pour un dévot de choisir une scène dans la vie du héros, objet de sa dévotion, et de se figurer la scène nettement, avec tous ses détails, de la replacer dans son cadre, au milieu du paysage et des couleurs à elle propres. De la sorte, le mental est graduellement soutenu dans une même direction, il peut être conduit jusqu'à la figure centrale de la scène, et finalement être fixé sur cette figure, objet de sa dévotion. Lorsque la scène se reproduit dans le mental, elle s'accompagne d'un sentiment de réalité, et de cette façon il devient possible d'entrer en contact magnétique avec la figuration de cette scène sur un plan plus élevé — avec sa photographie permanente dans l'éther cosmique — et d'en obtenir ainsi une connaissance beaucoup plus approfondie qu'aucune description n'aurait pu en fournir. Par le même moyen, le dévot pourra entrer en contact magnétique avec l'objet de sa dévotion et contracter avec lui, par ce contact direct, des relations bien plus intimes qu'il n'aurait été possible sans cela. Car la conscience n'est pas renfermée dans les limites de l'espace physique, mais elle *est* partout où existe un objet dont elle prend conscience ; nous avons expliqué cela antérieurement.

Cependant la concentration elle-même, il faut se le rappeler, est autre chose que cet enchaînement de pensées et le mental doit, en fin de compte, se fixer sur l'objet unique et y rester attaché sans raisonner, mais, pour ainsi dire, en aspirant, en absorbant le contenu de cet objet.

CHAPITRE VIII

DES OBSTACLES À LA CONCENTRATION, LES ESPRITS DISTRAITS

Ceux qui commencent à pratiquer la concentration se plaignent tous que l'effort même pour se concentrer aboutit à une plus grande agitation du mental. Cela est vrai jusqu'à un certain point car la loi de l'action et de la réaction opère ici comme ailleurs, et la pression exercée sur le mental amène une réaction correspondante. Mais tout en admettant cela, nous constatons, en examinant les choses de plus près, que l'*accroissement* d'agitation est en grande partie illusoire. Le sentiment de cet accroissement d'agitation est dû surtout à l'opposition qui s'élève tout à coup entre l'Égo qui veut la stabilité et le mental dans sa condition normale de mobilité. L'Égo pendant une longue série d'existences, a été entraîné par le mental dans tous ses mouvements rapides, comme un homme est toujours entraîné à travers l'espace par le tourbillon de la terre. Il n'est pas conscient du mouvement, il ne sait pas que le monde se meut, tant il en fait étroitement partie, mu lorsque se meut le monde. S'il était possible à l'homme de se séparer de la terre et d'arrêter son propre mouvement sans être brisé en morceaux, il se rendrait compte, à ce moment-là seulement, que la terre se meut avec une grande vitesse. Tant qu'un homme se prête à chacun des mouvements de son mental, il n'a pas conscience de la continuelle activité, de l'agitation de celui-ci, mais lorsqu'il se fixe, qu'il cesse de se mouvoir c'est alors qu'il sent le mouvement continu du mental auquel il a jusqu'alors obéi.

Si le débutant connaît ces faits, il ne sera pas découragé dès le début de ses efforts en faisant à son tour l'expérience universelle, mais sachant que la chose est naturelle, il poursuivra tranquillement sa tâche. Et, après tout, il ne fera que répéter l'expérience proclamée par Arjuna il y a cinq mille ans :

"Cette Yoga que tu as déclaré trouver par la sérénité, Ô meurtrier de Madhu, je ne vois pas pour elle de fondement solide, à cause

de l'agitation perpétuelle, car le mental est
très agité, Ô Krishna; il est impétueux, vio-
lent et très difficile à contenir; j'estime qu'il
est aussi malaisé à dompter que le vent."

Et la réponse est toujours encore juste, qui indique l'*unique* moyen de succès:

"Sans doute, Ô puissamment armé, le mental est malaisé à dompter et agité, mais il
peut être dompté par la pratique constante
et par l'indifférence." [15]

Le mental ainsi stabilisé, ne perdra pas si aisément son équilibre, sous l'influence des pensées
vagabondes échappées aux autres esprits et qui
cherchent toujours à trouver un logement, foule
errante qui nous enveloppe sans cesse. Le mental habitué à la concentration conserve toujours un
certain caractère affirmatif et ne se laisse pas aisément façonner par des intrus importuns.
Tous ceux qui travaillent à l'entraînement de
leur mental devraient conserver une attitude de
ferme vigilance par rapport aux pensées qui "vien-

---

15   *Bhagavad Gita*, VI, 35, 36.

nent à l'esprit", et ils devraient exercer, vis-à-vis d'elles une constante sélection. Le refus d'héberger les mauvaises pensées, leur prompt rejet si elles parviennent à entrer, le remplacement immédiat d'une mauvaise pensée par une pensée bonne de nature opposée, c'est là un exercice qui dispose le mental de telle sorte qu'au bout d'un certain temps il agit automatiquement, repoussant le mal de son propre mouvement. Les vibrations harmonieuses et rythmiques écartent celles qui sont discordantes et irrégulières; celles-ci sont projetées loin de la surface des vibrations rythmiques, comme une pierre qui vient heurter une roue en mouvement. Vivant, comme nous le faisons tous, dans un courant continuel de pensées bonnes et mauvaises, nous devons cultiver la sélection du mental, afin que le bon puisse être automatiquement attiré, le mauvais automatiquement repoussé.

Le mental est comme un aimant, il attire et repousse, et la nature de ses attractions et de ses répulsions peut être déterminée par nous. Si nous surveillons les pensées qui entrent dans notre mental, nous constatons qu'elles sont de même sorte que celles que nous favorisons d'ordinaire. Le mental attire les pensées qui sont conformes à son activité normale. Si donc, pendant un certain temps, nous pratiquons délibérément la sélection, le mental effectuera bientôt cette sélection pour son propre compte, d'après le plan qui lui a été tracé pour cela, et ainsi les mauvaises pensées ne pourront pas pénétrer dans le mental, tandis que les bonnes trouveront toujours la porte ouverte.

La plupart des gens ne sont que trop enclins à la réceptivité, mais cette réceptivité est due à la faiblesse, non à un abandon délibéré de soi-même à des influences plus élevées. Il est, donc bon d'apprendre comment notre activité peut devenir positive à l'état normal, et comment elle peut devenir négative lorsque nous décidons qu'il est désirable qu'elle le soit.

L'habitude de la concentration tend d'elle-même à fortifier le mental, de sorte qu'il exerce sans peine un contrôle et une sélection vis-à-vis des pensées qui lui viennent du dehors, et nous avons déjà indiqué comment on peut habituer automatiquement à repousser les mauvaises. Mais il est bon d'ajouter à ce que nous avons dit que lorsqu'une pensée mauvaise pénètre dans le mental, il vaut mieux ne pas la combattre directement, mais mettre à profit le fait que le mental ne peut penser qu'à une chose à la fois ; qu'on le tourne donc aussitôt vers une bonne pensée, et la mauvaise sera nécessairement expulsée. En luttant contre une chose quelconque, la force même que nous émettons cause une réaction correspondante et accroît ainsi la difficulté; tandis que si nous tournons notre oeil mental vers une image située dans une direction différente, l'autre image se trouve silencieusement hors du champ visuel. Bien des gens perdent des années à combattre des pensées impures, tandis que si le mental s'appliquait tranquillement à des pensées pures, il ne resterait plus de place aux assaillants; en outre, le mental attirant ainsi à lui une matière qui ne répond pas au mal, s'affirme peu à peu dans son caractère positif et perd toute réceptivité à l'égard de cette sorte de pensées.

Tel est le secret de la bonne réceptivité; le mental répond selon sa composition, il répond à tout ce qui est d'une nature analogue à la sienne; nous le rendons positif à l'égard du mal, négatif à l'égard du bien, en nous habituant à bien penser, c'est-à-dire en le construisant de matériaux susceptibles de recevoir le bien, incapables de recevoir le mal. Nous devons réfléchir à ce que nous désirons ne pas recevoir. Un mental exercé à cela attirera à lui les bonnes pensées parmi l'océan de pensées qui l'entourent, il repoussera les mauvaises et deviendra ainsi de plus en plus pur, de plus en plus fort, dans les conditions même où un autre deviendrait plus impur et plus faible.

La méthode qui consiste à remplacer une pensée par une autre peut être utilisée avec avantage de bien des façons. Si une pensée désobligeante au sujet d'une autre personne entre dans le mental, il faut la remplacer aussitôt par la pensée de quelque vertu possédée par cette personne ou de quelque bonne action accomplie par elle. Si le mental est harcelé par les soucis, dirigez-le vers la pensée du but qui oriente la vie entière, vers la Bonne Loi qui "avec force et douceur ordonne toutes choses".

Si une forme particulière de pensée regrettable s'impose obstinément, il sera sage de se munir d'une arme spéciale; on choisira un vers ou une phrase où soit formulée l'idée opposée, et, chaque fois que l'idée fâcheuse se présentera, on répètera cette phrase en la méditant. Au bout d'une semaine ou deux, la pensée aura cessé d'être importune.

C'est une sage mesure que de fournir constamment à l'esprit quelque pensée élevée, quelque parole de réconfort, qui inspire le désir de vivre noblement. Avant d'entrer dans le tumulte de la vie, tous les jours, régulièrement, nous devrions donner au mental le bouclier de la bonne pensée. Quelques paroles suffisent, tirées des Écritures sacrées de notre race ; récitées plusieurs fois dès le matin, elles se fixeraient dans le mental, lui reviendraient à mainte et mainte reprise au cours de la journée, et le mental les répèterait machinalement chaque fois qu'il ne serait pas occupé.

DANGERS DE LA CONCENTRATION

Il y a certains dangers attachés à l'exercice de la concentration, et dont le commençant doit être averti, car bon nombre d'étudiants zélés, dans leur désir d'avancer fort loin, vont trop vite et apportent ainsi des entraves à leur propre progrès au lieu de le faciliter.

Le corps est exposé à souffrir par suite de l'ignorance et de l'inattention du débutant.

Lorsqu'un homme concentre son esprit, son corps se met dans un état de tension, mais le sujet ne s'en aperçoit pas, c'est involontaire de sa part. Ce résultat d'un certain état d'esprit, pour le corps, peut être observé dans bien des cas insignifiants : un effort de mémoire fait plisser le front, les yeux deviennent fixes, les sourcils s'abaissent ; l'attention intense s'accompagne de la fixité des yeux, l'anxiété donne un regard douteux et ardent. Pendant des siècles, l'effort du mental a été suivi d'un effort du corps ; le mental n'étant appliqué qu'à satisfaire les besoins du corps à l'aide des mouvements effectués par celui-ci, une association s'est ainsi établie, qui agit automatiquement.

Lorsque la concentration commence, le corps, selon cette habitude, suit l'esprit, et les muscles se raidissent en même temps que les nerfs se tendent ; de là une grande fatigue physique, l'épuisement musculaire et nerveux, des douleurs de tête aiguës, qui ont bien des chances de se produire au cours de la concentration ; par suite, beaucoup de gens sont tentés d'y renoncer, pensant que ces fâcheux effets sont inévitables.

De fait, ils peuvent être évités par une simple précaution. Le débutant devrait, de temps à autre, s'arracher suffisamment à sa concentration pour noter l'état de son corps ; et s'il le trouvait surmené, tendu ou crispé, il devrait aussitôt relâcher sa contrainte ; après avoir fait cela plusieurs fois, les liens de l'association seraient brisés, et le corps demeurerait souple et au repos, tandis que le mental serait concentré.

Patânjali disait que la posture adoptée dans la méditation devrait être "aisée et commode" ; le corps ne peut pas, par sa tension, aider l'esprit, et il se nuit à lui-même.

Peut-être me permettra-t-on une anecdote personnelle à l'appui de tout ceci. À l'époque où je m'instruisais auprès de H. P. Blavatsky, elle exprima un jour le désir que je fisse un effort de volonté ; je le fis intense, et le résultat fut une forte dilatation des veines de ma tête. "Ma chère, me dit-elle sèchement, ce n'est pas avec vos veines que vous devez vouloir."

Un autre danger physique provient de l'effet produit par la concentration sur les cellules nerveuses du cerveau. À mesure que la puissance de concentration augmente, que le mental s'apaise, et qu'à travers lui l'Égo commence à fonctionner, à travers le mental, il réclame un nouvel apport de la part des cellules nerveuses cérébrales. Ces cellules, bien entendu, ont pour éléments ultimes des atomes dont la masse est constituée par des enroulements de spirilles, à travers lesquelles circulent des courants d'énergie vitale. Parmi ces spirilles, on distingue sept espèces, dont quatre seulement sont en fonction ; les trois autres sont momentanément sans emploi — ce sont en réalité des organes rudimentaires. Lorsque les énergies supérieures se déversent, cherchant à se frayer un passage dans les atomes, la catégorie de spirilles qui, à un stade ultérieur d'évolution, leur servira de canal, entre forcément en activité. Si cela s'effectue doucement et avec précaution, il n'en résulte aucun mal, mais une pression trop forte altère la structure délicate des spirilles. Ces conduits fins et délicats, lorsqu'ils ne fonctionnent pas, sont en contact par leurs parois l'un avec l'autre, comme des tubes de caoutchouc mou ; si les parois sont violemment écartées l'une de l'autre, une rupture peut en résulter. L'annonce du danger est un sentiment de pesanteur et de lourdeur dans tout le cerveau ; si l'on n'y prend garde, une douleur aiguë se fera bientôt sentir, et une inflammation opiniâtre pourra s'ensuivre. La concentration devrait donc être pratiquée au début avec une grande modération et ne devrait jamais aller jusqu'à la fatigue cérébrale. Quelques minutes à la fois suffisent en commençant, la durée augmentant peu à peu à mesure que la pratique se fait plus habituelle.

Mais, si court que soit le temps consacré à la concentration, il doit l'être avec, régularité ; si l'habitude est négligée un seul jour, l'atome reprend sa condition antérieure, et tout le travail demande à être recommencé. L'exercice constant et régulier, pas trop prolongé, assure les meilleurs résultats et écarte le danger.

Dans quelques écoles de ce qu'on appelle Hatha-Yoga, on recommande aux élèves, pour faciliter la concentration, de fixer les yeux sur un point noir qui se détache sur le mur blanc, et de prolonger cette fixité du regard jusqu'à ce que la transe se produise. Or, il y a deux raisons pour lesquelles on ne doit pas faire cela. Tout d'abord, au bout d'un certain temps, cet exercice abîme la vue et les yeux perdent leur faculté d'adaptation. Secondement, cela amène une forme de paralysie cérébrale. Elle commence par une fatigue des cellules de la rétine, lorsque les ondes lumineuses les atteignent, puis le point noir disparaît, l'endroit de la rétine où son image se faisait étant devenu insensible par suite d'un exercice trop prolongé. Cette fatigue gagne les centres jusqu'à ce que, finalement, une sorte de paralysie survienne qui plonge le sujet dans l'état hypnotique. De fait, l'excitation excessive d'un organe des sens est, en Occident, un des moyens reconnus pour produire l'hypnose — le miroir tournant, la lumière électrique, etc., étant employé à cette fin.

Or, non seulement la paralysie cérébrale arrête toute pensée sur le plan physique, mais elle rend, en outre, le cerveau insensible aux vibrations hyperphysiques, de sorte que l'Égo ne peut plus l'impressionner; la paralysie cérébrale ne libère pas l'Égo, elle ne fait que lui retirer son instrument. Un homme peut rester pendant des semaines dans un état d'hypnose ainsi provoqué, et lorsqu'il se réveillera, il ne sera en rien plus sage qu'au début de la transe. Il n'aura pas acquis de connaissance; il aura simplement perdu son temps. Ces méthodes ne donnent pas de puissance spirituelle; elles produisent simplement l'incapacité physique.

LA MÉDITATION

Nous avons déjà expliqué antérieurement ce qu'est la méditation: c'est simplement l'attitude soutenue du mental qui se concentre en face d'un objet de son culte, d'un problème qui exige une illumination pour devenir intelligible ou de n'importe quelle chose dont il s'agit d'absorber et de s'assimiler la vie plutôt que la forme.

La méditation ne peut pas être pratiquée avec fruit avant qu'on ne se soit rendu maître, au moins en partie, de la concentration. Car celle-ci n'est pas en elle-même une fin, ce n'est qu'un moyen en vue d'une fin; elle fait du mental un instrument qui peut être utilisé au gré de son possesseur.

Lorsqu'un mental se concentre et se dirige obstinément vers un objet, résolu à en percer les voiles,
à en atteindre la vie et à unir cette vie à celle à
laquelle le mental appartient, alors nous avons la
méditation. La concentration peut être considérée
comme le façonnement de l'organe, la méditation
comme son exercice. Le mental a été mis en état
de se fixer sur un point unique ; il se dirigera alors
et demeurera fixé sur n'importe quel objet dont la
connaissance sera désirée.

Tous ceux qui sont décidés à mener une vie
spirituelle devront consacrer chaque jour quelque
temps à la méditation. La vie physique ne peut pas
plus se soutenir sans nourriture que la vie spirituelle sans méditation. Ceux qui ne peuvent pas se
réserver une demi-heure par jour, pendant laquelle
le monde sera oublié et le mental pourra recevoir
des plans spirituels un courant de vie, ceux-là ne
peuvent pas mener une vie spirituelle.

C'est seulement à un mental en état de concentration, persévérant, fermé au monde que le Divin
peut se révéler. Dieu se manifeste, dans son univers, sous des formes infinies, mais à l'intérieur
du cœur humain Il se montre dans Sa vie et dans
Sa nature, s'y révélant à ce qui est un fragment de
Lui-même. Dans ce silence, la paix, la vigueur et la

force viennent inonder l'âme, et l'homme qui pratique la méditation est toujours l'homme le plus puissant de ce monde.

Lord Rosebery, parlant de Cromwell, le dépeint comme un "mystique pratique", et déclare qu'un mystique pratique est la plus grande force de l'univers. Cela est vrai. L'intelligence concentrée, la faculté de s'isoler du tumulte du monde représentent une énergie au travail immensément accrue et sont signes de fermeté, de maîtrise de soi, de sérénité ; l'homme qui pratique la méditation est celui qui ne perd jamais de temps, ne gaspille pas son énergie, ne manque aucune des occasions dont il peut profiter. Un tel homme domine les événements parce qu'au-dedans de lui réside le pouvoir dont les événements ne sont que l'expression extérieure ; il participe à la vie divine et, partant, au pouvoir divin.

CHAPITRE IX

COMMENT SE FORTIFIE LA
PUISSANCE DE LA PENSÉE

Nous pouvons maintenant aborder l'étude de la valeur pratique de la puissance de la pensée, car toute étude qui n'aboutit pas à la pratique est stérile. La vieille formule est toujours vraie : "Le but de la philosophie est de mettre fin à la douleur." Nous devons apprendre à développer notre pouvoir de pensée, puis, ce pouvoir une fois développé, à en user pour secourir ceux qui nous entourent, les vivants et les soi-disant morts, afin d'accélérer l'évolution humaine et de hâter notre propre progrès.

La puissance de la pensée ne peut être accrue que par un exercice constant et prolongé ; de même que le développement musculaire dépend exactement et réellement de l'exercice de nos muscles, de même le développement mental dépend de l'exercice de notre mental, quel que soit son état actuel.

C'est une loi de la vie que la croissance résulte de l'exercice. La vie, *qui est notre Moi*, cherche (ou tend) sans cesse à s'exprimer plus complètement à l'extérieur au moyen de la forme qui la revêt. Affluant à l'appel qu'est l'exercice, la pression qu'elle exerce sur la forme détermine l'expansion de celle-ci : il se produit un apport de matière que la forme incorpore, et, de la sorte, une partie de l'expansion est rendue permanente. Lorsque le muscle est détendu par l'exercice, la vie s'y répand plus abondamment, les cellules se multiplient, et ainsi le muscle grossit. Lorsque le corps mental vibre sous l'action de la pensée, un nouvel apport de matière y pénètre, venu de l'atmosphère mentale : le corps se l'assimile et augmente ainsi de volume en même temps que sa structure se fait plus complexe. Un corps mental continuellement exercé grandit, que la pensée qu'on y introduit soit bonne ou mauvaise. La somme des pensées détermine l'accroissement du corps, la qualité des pensées détermine le genre de matière employée à cet accroissement.

D'autre part, dans le cerveau physique, les cellules de matière grise se multiplient à mesure que le cerveau s'exerce à penser. Les autopsies ont fait voir que le cerveau du penseur est non seulement plus développé et plus lourd que celui du laboureur, mais qu'il présente, en outre, un nombre bien plus grand de circonvolutions. Celles-ci accroissent considérablement la Surface de la substance grise qui est l'instrument physique immédiat de la pensée, sur lequel la pensée agit directement, sans intermédiaire.

Ainsi, le corps mental et le cerveau physique s'accroissent tous deux par l'exercice, et ceux qui veulent les améliorer et les développer, doivent recourir à une méditation quotidienne, régulière, pratiquée dans le but précis de perfectionner leurs facultés mentales. Il est inutile d'ajouter que les forces inhérentes au Sujet connaissant se développent plus rapidement, elles aussi, grâce à cet exercice et qu'elles agissent sur les véhicules avec une intensité croissante.

Pour qu'il puisse produire tout son effet, cet exercice doit être méthodique. Le débutant choisira quelque livre bien fait, sur un sujet qui l'intéresse, quelque livre écrit par un auteur compétent et contenant des pensées neuves et fortifiantes. Une ou plusieurs phrases seront lues lentement, après quoi le lecteur réfléchira soigneusement et profondément sur ce qu'il a lu. C'est une sage habitude que celle de consacrer deux fois plus de temps à la réflexion qu'à la lecture, car l'objet de cette dernière n'est pas simplement d'acquérir des idées nouvelles, mais de fortifier la faculté de penser. Une demi-heure, si possible, devrait être consacrée à cet exercice, mais le débutant pourra commencer par un quart d'heure, car, au début, il trouvera que l'attention soutenue le fatigue un peu.

Toute personne qui adoptera l'habitude de cet exercice et le pratiquera régulièrement pendant quelques mois, aura conscience, au bout de ce temps, d'un accroissement sensible de force mentale et se sentira capable de manier les problèmes de la vie ordinaire avec beaucoup plus de succès qu'auparavant. La nature est un payeur équitable; elle donne à chacun le salaire qu'il a gagné, mais elle ne donne pas un centime immérité. Ceux qui veulent récolter le salaire d'un perfectionnement mental doivent le mériter par un effort de pensée ardu.

La tâche est double, ainsi que nous l'avons déjà indiqué. D'une part, les forces de la conscience sont attirées au dehors; de l'autre, les formes par lesquelles elles s'expriment sont développées, — et le premier de ces points ne doit pas être oublié. Beaucoup de personnes reconnaissent la valeur de la pensée précise en tant qu'elle affecte le cerveau, mais elles oublient que la source de toute pensée est le Moi incréé, éternel, et qu'elles ne font, par suite, que réaliser ce qu'elles possédaient déjà. Au-dedans d'elles réside tout pouvoir, elles n'ont qu'à le mettre à profit, car le Moi divin est, pour chacun, la racine de la vie ; et l'aspect connaissance du Moi vit en chacun, cherchant sans cesse l'occasion de s'exprimer d'une façon plus complète. Tout pouvoir réside en chacun, incréé, éternel ; la forme est façonnée, elle se transforme, mais la vie vient du Moi de l'homme, et son pouvoir est illimité. Cette puissance qui réside au dedans de chacun de nous est la même qui a façonné l'Univers, elle est divine et non humaine, elle fait partie de la vie du Logos et n'en est pas distincte.

Si l'on se rendait compte de cela et si le débutant se rappelait que la difficulté provient, non pas de l'insuffisance du pouvoir, mais de l'imperfection de l'instrument, il travaillerait souvent avec plus de courage et d'espoir, et partant avec plus de succès. Il doit sentir que l'essence de sa nature est la connaissance et qu'il dépend de lui de donner à cette nature, pendant son incarnation actuelle, une expression plus ou moins parfaite. L'expression, sans doute, est restreinte par les pensées que nous avons eues dans les existences antérieures, mais elle peut être perfectionnée et rendue plus efficace par la même puissance qui, dans ce passé, a façonné le présent. Les formes sont plastiques et peuvent être modelées à nouveau, bien que lentement, par les vibrations de la vie.

Par-dessus tout, le débutant doit se rappeler que pour progresser d'une façon continue, la régularité de l'exercice pratique est essentielle. Lorsqu'on y manque un jour, il faut l'effort de trois ou quatre autres jours pour contrebalancer le recul, au moins dans les débuts de la croissance. Lorsqu'on a acquis l'*habitude* de la pensée soutenue, la régularité de la pratique est moins nécessaire. Mais jusqu'à ce que cette habitude soit définitivement prise, la régularité est de la plus grande importance, car l'habitude plus ancienne de laisser aller la pensée à la dérive se réinstalle, la matière du corps mental reprend ses anciennes formes, et il faut l'en dépouiller une fois encore avant de reprendre l'habitude interrompue. Cinq minutes d'effort quotidien valent mieux qu'une demi-heure certains jours et d'autres jours rien.

LE SOUCI, CE QU'IL SIGNIFIE
ET LE MOYEN DE LE DOMINER

Voir [16].

On a dit, fort justement, que les gens vieillissent plus par les soucis que par le travail. À moins d'être excessif, le travail n'est pas préjudiciable au mécanisme de la pensée, mais, au contraire, il le renforce. En revanche, le processus mental désigné du nom de "souci" est nettement préjudiciable et produit, à la longue, une irritabilité, un épuisement nerveux qui rendent impossible le travail mental prolongé.

Qu'est-ce que le "souci". C'est la répétition d'un même enchaînement de pensée, indéfiniment le même à quelques légères modifications près, et n'aboutissant à aucun résultat, ne tendant même vers aucun. C'est la reproduction continue de formes de pensée, créées par le corps mental et le cerveau — non par la conscience — et imposées par eux à celle-ci. De même que les muscles surmenés ne peuvent rester au repos, mais entrent sans cesse en activité, même malgré la volonté ; de même le corps mental et le cerveau, lorsqu'ils sont

---

16   En anglais *worry*, littéralement : tracas, ou encore, tourment, fatigue, obsession, etc. (*Note du traducteur.*)

fatigués, répètent indéfiniment les vibrations qui les ont épuisés, et le penseur s'efforce en vain de les amener au repos et de trouver ainsi le calme. L'automatisme nous apparaît encore une fois : nous retrouvons la tendance à se mouvoir dans la direction même où le mouvement s'est déjà effectué. Le penseur je suppose, aura médité sur quelque sujet triste et se sera efforcé d'arriver à une conclusion précise et utile. Il échoue, cesse de penser, mais demeure insatisfait, désireux de trouver une solution et dominé par la crainte de la peine anticipée d'échouer encore. Cette crainte entretient en lui un état d'anxiété et d'agitation qui provoque un afflux irrégulier d'énergie. Dès lors, le corps mental et le cerveau, sous cette double impulsion de l'énergie et du désir, mais non dirigés par le penseur, continuent à s'agiter et, font reparaître les images déjà produites et déjà écartées. Celles-ci s'imposent, en quelque sorte, à l'attention, et la série recommence indéfiniment. À mesure que la fatigue augmente, l'irritabilité se manifeste et réagit encore sur les phénomènes de la fatigue, de sorte que l'action et la réaction se succèdent dans un cercle vicieux. Le penseur, lorsqu'il est las, est l'esclave des corps qui le servent et souffre de leur tyrannie.

Or, cet automatisme du corps mental et du cerveau, cette tendance à répéter les vibrations déjà produites, peuvent être utilisés pour corriger précisément la reproduction inutile de pensées pénibles. Lorsqu'un courant de pensées s'est tracé un canal — une forme de pensée — de nouveaux courants de pensée tendent à suivre la même voie, qui est celle de la moindre résistance. Une pensée qui cause de la peine revient aussitôt ainsi, par la fascination de la crainte, de même qu'une pensée qui fait plaisir revient par la fascination de l'attrait. L'objet de la crainte, la représentation de ce qui arrivera lorsque notre anticipation deviendra réalité, creuse ainsi un canal dans l'esprit, forme un moule pour la pensée et un sillon dans le cerveau. La tendance du corps mental et du cerveau, lorsqu'ils n'ont aucune tâche immédiate, est de répéter la forme et de laisser l'énergie sans emploi se déverser dans le canal déjà tracé.

Peut-être la meilleure manière de se débarrasser d'un "canal de souci" est-elle d'en creuser un autre d'un caractère diamétralement opposé.

Un canal de ce genre, nous l'avons vu, se creuse par la pensée précise, persistante et régulière.

Toute personne qui souffre d'obsessions devra donc, le matin en se levant, consacrer trois ou quatre minutes à la méditation de quelque pensée noble et encourageante : "Le Moi est Paix ; je suis ce Moi. Le Moi est Force, je suis ce Moi", par exemple. Que cette personne songe que, au plus profond de son for intérieur, elle est avec le Père Suprême ; que, participant à cette nature, elle est impérissable, immuable, libre, dégagée toute crainte, sereine et forte ; d'autre part, les vêtements périssables qui la revêtissent sont sensibles à l'aiguillon de la douleur, au tourment rongeur de l'anxiété ; et que cette personne songe à l'erreur qu'elle commet en identifiant cela à son Moi. Tandis qu'elle méditera ainsi, la paix la pénètrera, et elle sentira que c'est là son atmosphère propre, celle qui lui est naturelle.

En procédant ainsi jour après jour, la pensée se creuse bientôt un canal dans le corps mental et le cerveau ; et bientôt dans les moments où l'esprit n'est pas occupé de quelque travail, cette pensée du Moi qui est Paix, et Force se présente spontanément et déploie ses ailes autour de l'esprit, au milieu du tumulte du monde. L'énergie mentale se répand naturellement dans ce canal et le souci s'efface dans le passé.

Une autre méthode consiste à habituer l'esprit à méditer sur la Bonne Loi, ce qui lui fait contracter l'habitude du contentement. L'homme médite

alors sur cette pensée que toutes les circonstances
se produisent en vertu de la Loi, et que rien n'arrive par hasard. C'est uniquement ce que la Loi
nous apporte qui peut nous atteindre, quelle que
soit la main qui, en apparence, nous le transmette.
Aucun mal ne nous frappe qui ne nous soit dû,
attiré sur nous par notre volonté et nos actes an-
térieurs ; aucun homme ne peut nous nuire, sinon
parce qu'il est l'instrument de la loi et qu'il réclame de nous une dette que nous avons contractée.
Même au cas où la prévision d'un chagrin ou d'un
ennui viendrait assaillir l'esprit, celui-ci fera bien
de l'envisager calme, de l'accepter, d'y consentir.
La blessure disparaît en grande partie lorsque nous
acquiesçons, reconnaissant la Loi, quelle qu'elle
soit. Et nous ferons cela plus aisément encore, si
nous faisons en sorte de nous affranchir, exigeant
de nous des dettes qui nous retiennent en prison
et que, s'il s'ensuit nous souvenons que la Loi agit
toujours en vue pour nous de la peine, cette peine
n'est que le chemin qui conduit au bonheur. Toute
souffrance, de quelque manière qu'elle nous vienne, tend à notre félicité finale et ne fait que rompre
les liens qui nous tiennent enchaînés à la roue, toujours en mouvement, des naissances et des morts.

Lorsque ces pensées sont devenues habituelles, l'esprit cesse de se tourmenter, car les griffes du tracas ne peuvent pas entamer la solide armure de la paix.

PENSER ET CESSER DE PENSER

On peut gagner beaucoup de force en apprenant à penser et à cesser de penser à volonté. Tandis que nous pensons, nous devrions concentrer tout notre mental sur l'effort pour penser de notre mieux. Mais lorsque notre tâche est terminée, la pensée devrait être écartée complètement et ne devrait pas être autorisée à nous occuper vaguement, à aborder notre mental et à s'en éloigner, comme un bateau qui heurte un rocher. On ne laisse pas marcher une machine si ce n'est pour accomplir un travail, car cela en userait les rouages sans profit, tandis qu'on laisse les rouages du mental, dont la valeur est incomparable, fonctionner indéfiniment sans but, s'usant sans aucun résultat utile. Apprendre à cesser de penser, à laisser le mental en repos, c'est faire une acquisition des plus précieuses. De même que les membres fatigués reprennent leur vigueur lorsqu'ils se détendent au repos, de même le mental fatigué trouve du bienêtre dans l'inaction absolue. Penser constamment, c'est s'épuiser constamment. L'épuisement et la déchéance prématurée sont la suite de cette dépense inutile d'énergie, et l'homme peut prolonger l'intégrité de son corps mental et de son cerveau en apprenant à suspendre sa pensée lorsqu'elle ne tend à aucun résultat utile.

Il est vrai de dire que "cesser de penser" n'est rien moins que chose aisée. Peut-être même est-ce encore plus difficile que de penser. Il faut s'y exercer pendant un temps très court, jusqu'à ce que l'habitude en soit prise, car, au début, maintenir le mental en repos représente une dépense de force. Le débutant, après qu'il ait réfléchi d'une façon sérieuse, doit écarter sa pensée et, dès que celle-ci tente de revenir, il doit en détourner son attention. Sans se lasser, il doit se détourner de tous les intrus ; si c'est nécessaire, il imaginera le vide, comme un échelon vers la quiétude, et il essaiera de ne prendre conscience que de la tranquillité et de l'obscurité. Si l'on persiste à procéder comme nous l'indiquons, cette méthode sera de mieux en mieux comprise, et un sentiment de paix et de repos encouragera l'étudiant à persister davantage encore.

Il ne faudrait pas oublier non plus que suspendre la pensée, lorsqu'elle est tournée vers l'activité extérieure, c'est une condition préliminaire qui lui permet de travailler sur des plans plus élevés. Lorsque le cerveau a appris la quiétude, lorsqu'il a cessé de raviver sans cesse les images décousues, résidus de son activité passée ; alors, s'ouvre la possibilité, pour la conscience, d'écarter son enveloppe physique et de déployer, dans son propre monde, sa libre activité. Ceux qui espèrent réaliser ce pas en avant de la vie présente doivent apprendre à suspendre leur pensée, car c'est seulement lorsque "les modifications du principe pensant" sont réprimées sur le plan inférieur, que la liberté peut être obtenue sur le plan supérieur.

Un autre moyen de procurer le repos au corps mental et au cerveau — moyen bien plus aisé que l'arrêt de la pensée — consiste à changer de pensée. Tout individu dont la pensée suit, avec intensité et persistance, une même direction, devrait avoir un second sujet de réflexion aussi différent que possible du premier et vers lequel il pourrait se tourner pour se reposer. La fraîcheur et la jeunesse de pensée si extraordinaires chez William Ewart Gladstone sur ses vieux jours, résultaient en grande partie de la diversité de son activité intellectuelle. C'est vers la politique qu'elle fut dirigée avec le plus d'ardeur et de continuité, mais les études de théologie et de grec remplirent bien des heures de loisir, dans la vie de Gladstone. Sans doute ce ne fut qu'un théologien médiocre, et je ne suis pas à même d'apprécier ce qu'il fut comme helléniste, mais si on ne peut pas dire que le monde ait beaucoup gagné par ses jugements théologiques, Gladstone lui-même dut à ses études et à celle du grec, d'avoir gardé jusqu'à la fin de sa vie un cerveau vigoureux et réceptif. Charles Darwin, en revanche, se désolait sur ses vieux jours d'avoir laissé s'atrophier, en ne les exerçant pas, les facultés qui lui auraient permis de s'intéresser à des sujets autres que celui de ses études spéciales. La littérature et l'art étaient sans intérêt pour lui, et il avait une conscience très vive des limites dans lesquelles il s'était enfermé en s'absorbant trop exclusivement dans une seule direction d'étude. Tout homme a besoin de varier ses exercices, aussi bien quand il s'agit de sa pensée que de son corps, sans quoi il pourra souffrir de la crampe mentale, comme d'autres souffrent de la crampe des écrivains.

Peut-être est-il spécialement important que les hommes absorbés par la vie pratique, s'intéressent à un sujet concernant celles de leurs facultés qui ne sont pas requises par leurs affaires, que ce soit l'art, la science ou la littérature qui fournissent à ces hommes une récréation mentale et polissent leur esprit. Les jeunes gens surtout devraient adopter une étude de ce genre, avant que leur cerveau, vigoureux et actif, ne soit fatigué et surmené; sur leurs vieux jours ils trouveraient alors en eux-mêmes des ressources qui les enrichiraient et illumineraient leurs dernières années. La forme conserve beaucoup plus longtemps son élasticité lorsqu'on lui a ainsi accordé du repos par le changement d'occupations.

LE SECRET DE LA PAIX DU MENTAL

Dans ce que nous venons d'étudier, nous avons déjà trouvé, indiquée en partie, la méthode qui procure la paix du mental. Mais la condition nécessaire avant toute autre, c'est que nous reconnaissions clairement et comprenions notre place dans l'univers.

Nous faisons partie d'une grande Vie totale, qui ne commet pas d'erreur, ignore les pertes d'effort ou de force, qui, "ordonnant toutes choses avec force et douceur" emporte les mondes vers leur but. L'idée que notre petite vie est une unité séparée et indépendante, combattant, pour son propre compte, d'innombrables unités séparées et indépendantes elles aussi, est une erreur des plus désespérantes. Tant que nous envisageons de ce point de vue le monde et la vie, la paix demeure loin de nous, sur une tour inaccessible. Lorsque nous sentons et comprenons que tous les Moi ne sont qu'un, la paix du mental devient nôtre sans que nous ayons crainte de la perdre.

Toutes nos difficultés proviennent de ce que nous nous considérons comme unités séparées, de ce que nous tournons alors sur notre propre axe mental, ne songeant qu'à nos intérêts particuliers, à nos fins particulières, à nos joies et à nos chagrins particuliers. Quelques-uns agissent ainsi par rapport aux choses les moins élevées de la vie, et ce sont les plus mécontents de tous sans trêve ils cherchent à s'emparer de quelque chose dans le stock général des biens matériels, et ils empilent ces trésors inutiles. D'autres cherchent sans cesse à réaliser leur propre progrès individuel dans la vie supérieure : ce sont de braves gens sérieux, mais toujours mécontents et anxieux. Ils se contemplent et s'analysent sans cesse : "Est-ce que j'avance ? Est-ce que j'en sais plus que l'année dernière ?" et ainsi de suite, s'usant dans la recherche continuelle d'une assurance de progrès, leur pensée ayant toujours pour centre leur propre gain intérieur.

La paix ne se trouve pas dans la recherche continuelle d'un contentement pour le soi séparé, même si ce contentement était de la nature la plus élevée. La paix se trouve en renonçant au moi séparé, en s'appuyant sur le Moi qui est Un, le Moi qui se manifeste à *tout* stade de l'évolution, à celui où nous sommes autant qu'aux autres, et qui satisfait partout.

Le désir de progresser spirituellement est du plus grand prix tant que les désirs inférieurs étouffent et enchaînent les aspirations du novice; celui-ci puisé de la force pour se libérer d'eux dans le désir passionné de progresser spirituellement; mais cela ne donne pas, ne peut pas donner le bonheur, lequel ne se rencontre que lorsque le moi séparé est rejeté et le grand Moi reconnu comme objet pour l'amour duquel nous vivons en ce monde. Même dans la vie ordinaire, les personnes qui ne sont pas égoïstes sont les plus heureuses — celles qui travaillent à rendre les autres heureux et s'oublient elles-mêmes. Les personnes mécontentes sont celles qui cherchent toujours leur propre bonheur.

Nous sommes le Moi et, par suite, les joies et les peines des autres sont à nous autant qu'à eux, et dans la mesure où nous sentons cela et apprenons à vivre de telle sorte que l'univers entier partage la vie qui circule en nous, notre mental apprend le secret de la paix.

> "Il atteint la Paix, celui en qui tous les dé-sirs coulent comme les rivières coulent vers l'Océan, qui est rempli d'eau mais demeure immuable, — (mais) pas celui qui cherche le désir." [17]

Plus nous désirons, plus doit croître notre soif de bonheur — c'est-à-dire notre malheur. Le se-cret de la paix est de se connaître soi-même, et la pensée "Je suis ce Moi" nous aidera à conquérir une paix mentale que rien ne pourra troubler.

---

17   *Bhagavad Gîta*, II, 70.

CHAPITRE X

COMMENT ON PEUT AIDER
AUTRUI PAR LA PENSÉE

Le plus précieux des avantages que retire celui qui s'est efforcé de développer la puissance de sa pensée, c'est qu'il est bien mieux à même d'aider ceux qui l'entourent, ceux qui, plus faibles que lui, n'ont pas encore appris à tirer profit de leurs propres moyens. Celui dont le mental et le cœur sont en paix remplit les conditions voulues pour aider autrui.

Une simple bonne pensée est bienfaisante dans une certaine mesure; mais l'étudiant désirera faire bien plus que de jeter une simple miette de pain à celui qui meurt d'inanition.

Considérons d'abord le cas d'un homme dominé par quelque mauvaise habitude — celle, par exemple, de la boisson — et qu'un étudiant désire secourir. Celui-ci devra d'abord rechercher, si possible, à quel moment le mental du malade offre des chances d'être inoccupé — à quelle heure, par exemple, le patient se couche. S'il pouvait être endormi, cela n'en vaudrait que mieux. À ce moment, notre médecin de l'âme devrait s'asseoir, seul, et se représenter aussi vivement que possible l'image de son malade assis en face de lui, il devrait se représenter la chose clairement et en détail, de façon à voir l'image comme il verrait son homme. La grande clarté de cette image n'est pas essentielle, bien qu'elle contribue à rendre le procédé plus efficace. L'étudiant devrait alors fixer son attention sur cette image et, avec toute la concentration dont il est capable, lui adresser une à une et lentement, les pensées qu'il désire graver dans le mental de son client. Il faut les présenter sous forme d'images mentales claires, absolument comme si au moyen de mots, l'on exposait des arguments devant l'interlocuteur. Dans le cas considéré, l'étudiant pourra imaginer devant ses yeux un tableau frappant des maux de la misère qu'entraîne à sa suite la boisson, de la déchéance nerveuse, de la fin inévitable. Si le sujet est endormi, il sera attiré par la personne qui pense ainsi à lui et il animera l'image qu'elle se fait de lui. Le succès dépend de la concentration de la pensée et de la persévérance avec laquelle elle est dirigée sur le patient; son effet sera exactement proportionné au degré de développement de la puissance de la pensée.

Il faut se garder, dans un cas de ce genre, d'essayer en aucune manière de dominer la volonté du patient; l'effort doit tendre entièrement à placer devant son mental des idées qui, s'adressant à son intelligence et à ses émotions, l'amèneront à juger sainement et le stimuleront à faire un effort pour traduire son jugement en action. Si l'on essaie d'imposer au malade une ligne particulière de conduite, même si l'on réussit, on aura gagné bien peu de chose. La tendance mentale qui nous pousse à nous laisser aller à nos vices ne sera en rien modifié du fait qu'on aura mis un obstacle sur la route que prenait telle forme particulière de cette tendance; repoussé dans une direction, elle en prendra une autre, et un vice nouveau supplantera l'ancien. Un homme contraint à être tempérant par une force qui domine sa volonté, ne sera pas plus guéri de son vice que si on l'enfermait en prison. Même sans cela, aucun homme ne devrait essayer d'imposer sa volonté à un autre, fût-ce dans le but de le faire bien agir. Le progrès n'est pas favorisé par une pression extérieure de ce genre; l'intelligence doit être convaincue, les émotions éveillées et purifiées, sans quoi l'on n'obtient pas de gain réel.

Si l'étudiant désire procurer, au moyen de sa pensée, n'importe quel autre genre de secours, il devra procéder de la même façon, imaginant son protégé et lui présentant clairement les idées dont il désire le pénétrer. Un désir ardent pour son bien qui lui est envoyé comme un agent destiné à le protéger demeurera près de lui comme une forme-pensée pendant un temps proportionné à l'intensité de la pensée initiale et protègera cet homme contre tout mal, sera comme une barrière devant les pensées hostiles et écartera même les dangers physiques. Une pensée de paix et de consolation, dépêchée de la sorte, adoucira et calmera le mental en répandant autour de son objet une atmosphère de calme.

L'aide qu'apporte souvent à une personne la prière d'une autre est, en grande partie, de même nature que le phénomène ci-dessus décrit, la fréquente efficacité des prières en vue d'obtenir des biens ordinaires étant due à la concentration et à l'intensité plus grandes qu'apporte le croyant pieux dans sa prière. Le même degré d'intensité et de concentration amènerait le même résultat sans recourir à la prière.

La prière, assurément, est parfois efficace en un autre sens : elle appelle l'attention de quelque intelligence suprahumaine ayant atteint un degré supérieur d'évolution — sur la personne pour qui l'on prie, de sorte qu'un secours direct peut lui être accordé par l'entremise d'une puissance bien plus grande que celle dont disposait celui qui priait.

Peut-être ferons-nous bien d'intercaler une remarque : le théosophe à demi instruit ne devra pas s'effrayer ni s'abstenir de donner à un ami toute l'aide qu'il pourrait lui fournir au moyen de sa pensée, dans la crainte qu'il pourrait avoir "de s'immiscer dans karma". Qu'il laisse donc karma veiller à ses propres intérêts et ne craigne pas plus de s'immiscer dans les attributions de karma que dans la loi de la gravitation. Si ce théosophe peut aider son ami, qu'il le fasse sans crainte, dans l'assurance que s'il réussit, ce secours fait partie du karma de son ami et qu'il est, quant à lui, l'heureux agent de la Loi.

COMMENT ON PEUT AIDER LES SOI-DISANT MORTS

Tout ce que nous pouvons faire par la pensée pour les vivants, nous pouvons le faire plus facilement encore pour ceux qui nous ont devancés et ont déjà franchi les portes de la mort, car dans leur cas nous n'avons plus de lourde matière physique à faire vibrer avant que notre pensée puisse atteindre la conscience en éveil.

Après qu'il ait traversé la mort, la tendance de l'homme est de tourner son attention vers le dedans et de vivre dans son propre mental plutôt que dans le monde extérieur. Les courants de pensée qui avaient coutume de se précipiter au dehors, cherchant le monde extérieur à travers les organes des sens, se trouvent maintenant arrêtés par un vide dû à la disparition de leurs instruments. C'est comme si un homme se précipitait vers un pont qu'il a l'habitude de traverser pour franchir un précipice et que, brusquement, il se trouvât arrêté par l'abîme, le pont s'étant évanoui.

La réorganisation du corps astral, qui suit de très près la perte du corps physique, tend en outre à tenir renfermées les énergies mentales, à les empêcher de s'exprimer au dehors. La matière astrale, si elle n'est pas gênée par l'intervention de ceux qui sont restés sur terre, forme une enveloppe protectrice au lieu d'un instrument plastique, et plus la vie terrestre qui vient de s'achever a été élevée et pure, plus impénétrable est la barrière qui garantit des impressions du dehors et des événements du dedans. Mais la personne ainsi entravée dans l'expansion de son énergie, n'en est que plus apte à recevoir les influences du monde mental et, par suite, elle peut être aidée, réconfortée, conseillée, bien plus efficacement que lorsqu'elle était sur terre.

Dans le monde qu'habitent les êtres délivrés de leur corps physique, une pensée affectueuse est aussi palpable aux sens que le sont, ici-bas, une parole affectueuse ou une tendre caresse. Toute personne qui meurt devrait donc être escortée par des pensées d'amour et de paix, par notre désir de la voir s'avancer rapidement, à travers les vallées de la mort, vers la brillante région qui est au-delà. Il n'y a que trop de personnes qui demeurent dans la condition intermédiaire plus longtemps qu'elles n'y seraient restées, si leur mauvais karma n'avait pas voulu qu'elles n'eussent pas d'amis sachant les aider de l'autre côté de la mort. Et si les vivants savaient la consolation et le bonheur qu'éprouvent les voyageurs des mondes célestes en recevant ces messages vraiment angéliques (les pensées d'amour et d'encouragement), s'ils savaient de quelle puissance ils disposent pour fortifier et réconforter, certes, nul ne serait abandonné par ceux qui restent en arrière. Nos chers "morts" ont droit à notre amour et à notre intérêt, mais même en dehors de cela, quelle immense consolation pour le cœur privé d'une présence qui était le rayon de soleil de sa vie, d'être encore en mesure d'aider la personne aimée et de l'entourer des anges gardiens de la pensée!

Les occultistes qui ont fondé les grandes religions n'ont pas négligé cette assistance que doivent ceux qui restent sur terre à ceux qui les ont devancés. L'Indou a son Shrâddha par lequel il aide à avancer les âmes qui ont pénétré dans le monde suivant, hâtant leur passage dans Svarga: L'Église Chrétienne a des messes et des prières pour les "morts". "Accordez-lui, ô Seigneur, la paix éternelle et que la lumière brille perpétuellement sur lui", c'est en ces termes que le Chrétien prie pour un ami de l'autre monde. Il n'y a parmi les Chrétiens que la secte Protestante qui ait perdu cette excellente tradition, comme tant d'autres qui se rattachent à la vie supérieure du Chrétien. Puisse la connaissance rétablir bientôt la tradition utile et bienfaisante que l'ignorance lui a fait perdre.

LE TRAVAIL DE LA PENSÉE EN DEHORS DU CORPS

Nous ne pouvons pas restreindre l'activité de notre pensée aux heures que nous passons dans le corps physique, car nous pouvons, par la pensée, accomplir un travail très profitable tandis que notre corps est tranquillement endormi.

Le fait de "s'endormir" signifie simplement que la conscience, enveloppée de ses corps les plus subtils, se retire loin du corps physique, qu'elle laisse plongé dans le sommeil, tandis que l'homme lui-même passe dans le monde astral. Libéré du corps physique, le sujet est beaucoup plus puissant en ce qui regarde les effets qu'il peut produire par la pensée; cependant il ne dirige guère sa force vers le dehors, mais en applique la plus grande partie au dedans de lui, à des sujets qui l'intéressent pendant la veille.

Son énergie de pensée se déverse dans les moules accoutumés et s'applique aux problèmes que la conscience cherche à résoudre à l'état de veille.

Le proverbe: "la nuit porte conseil", l'avis donné à ceux qui ont une importante décision à prendre, de "dormir avant de se prononcer" ce sont là de vagues intuitions du fait que l'activité mentale se poursuit pendant le sommeil. Sans tenter expressément d'utiliser l'intelligence mise en liberté, l'homme recueille cependant le fruit du travail de son intelligence.

Ceux, cependant, qui essaient de diriger leur propre évolution au lieu de la laisser aller à la dérive devraient, en connaissance de cause, profiter du pouvoir plus grand qu'ils peuvent exercer dès qu'ils ne sont plus entravés par le poids du corps. Ce qu'il y a à faire pour cela est simple. Le problème quelconque dont on désire trouver la solution doit être tranquillement maintenu devant le mental au moment de s'endormir; il ne faut pas le creuser, chercher des arguments, sans quoi le sommeil ne viendra pas : il faut simplement le poser et voilà tout. Ceci suffit pour donner à la pensée la direction requise : le Penseur reprendra le problème et s'en occupera lorsqu'il n'aura plus à s'inquiéter de son corps physique. La solution se présentera le plus souvent à l'esprit au moment du réveil, c'est-à-dire que le Penseur l'aura inscrite dans le cerveau; aussi est-ce une bonne précaution que d'avoir du papier et un crayon prés de son lit, pour noter immédiatement au réveil les solutions, car celles qu'on obtient ainsi sont aisément effacées par la foule d'impressions venues du monde physique — et il n'est pas facile de les retrouver. Bien des difficultés de la vie pourront être éclairées nettement par ce procédé, et un sentier pourra être tracé au milieu des obstacles. De même, plus d'un problème mental trouvera sa solution lorsqu'on le soumettra à l'intelligence alors qu'elle n'est point alourdie par le cerveau physique, de nature plus dense.

Une méthode analogue permettra à l'étudiant d'aider, pendant son sommeil, un ami encore vivant ou déjà dans l'autre monde. Il devra se représenter en esprit son ami, et s'efforcer de le trouver et de l'aider. Cette image mentale attirera l'un vers l'autre l'ami et lui, et ils communiqueront l'un avec l'autre dans le monde astral. Mais, dans le cas où la pensée de l'ami éveillerait une émotion quelconque — par exemple s'il s'agit d'un ami disparu — l'étudiant devra s'efforcer de calmer son émotion avant de s'endormir. Car cette émotion cause un tourbillon dans le corps astral, et lorsque celui-ci est fortement agité, il isole la conscience et met les vibrations mentales dans l'impossibilité de s'extérioriser.

Il y a des cas de communication dans le monde astral dont la mémoire, à l'état de veille, conserve un "rêve", tandis que d'autres cas ne laissent aucune trace. Le rêve est le souvenir, — souvent confus et mêlé de vibrations étrangères — d'une rencontre hors du corps ; c'est comme tel qu'il doit être considéré. Mais si le cerveau n'a conservé aucune trace, cela n'importe pas, puisque l'activité de l'intelligence libre n'est pas entravée par l'ignorance du cerveau qui n'y collabore pas. Le pouvoir que peut exercer un homme dans le monde astral, n'est pas subordonné aux souvenirs qu'enregistre dans le cerveau la conscience lorsqu'elle réapparaît ; ces souvenirs peuvent faire complètement défaut, alors qu'un travail très fructueux a rempli les heures où le corps était endormi.

Une autre forme du travail de la pensée auquel on songe peu et qui est possible aussi bien dans le corps physique qu'en dehors de lui, c'est la collaboration aux grandes causes, aux mouvements collectifs au profit de l'humanité.

Méditer là-dessus d'une façon spéciale, c'est générer des courants d'aide émanant des plans intérieurs de notre être, et nous pouvons, en particulier, examiner la chose par rapport au :

POUVOIR DE LA PENSÉE COMBINÉE

L'accroissement de force qui résulte de ce que plusieurs personnes s'unissent en faveur d'un même but, est reconnu, non seulement par les occultistes, mais par tous ceux qui entendent quelque chose à la science approfondie de l'esprit. Il est d'usage, dans quelques parties au moins de la Chrétienté, qu'avant d'envoyer un missionnaire évangéliser quelque région particulière, on s'assemble pour méditer longuement sur un point précis. Un petit groupe de catholiques romains, par exemple, se réunira pendant des semaines ou des mois avant le départ d'une mission, pour préparer le terrain sur lequel on veut agir, en imaginant les lieux, en s'y transportant par la pensée, enfin en méditant avec une attention soutenue, quelque dogme particulier de l'Église. Il se forme ainsi, dans le pays éloigné, une atmosphère de pensées plus favorables à la propagation des dogmes du catholicisme, et les cerveaux récepteurs sont préparés à désirer recevoir l'enseignement. L'œuvre de la pensée sera facilitée par l'accroissement d'intensité qu'elle devra aux prières ferventes, autre forme du travail de la pensée produite par l'ardeur de la ferveur religieuse.

Les ordres contemplatifs dans l'Église Catholique Romaine accomplissent, au moyen de la pensée, une œuvre bonne et utile, de même que les ascètes des religions Indoue et Bouddhiste. Partout où une intelligence bonne et pure se met à l'œuvre pour venir en aide au monde, en y répandant des pensées nobles et élevées, un service réel est rendu aux hommes, et le penseur isolé devient un des leviers du monde.

Un groupe d'hommes qui ont des convictions communes, un groupe de théosophes, par exemple, peut contribuer, dans une large mesure, répandre les idées théosophiques dans leur entourage immédiat, s'ils s'entendent pour consacrer, en même temps, dix minutes par jour à la méditation de quelque enseignement théosophique. Il n'est pas nécessaire que leurs personnes soient réunies en un même lieu, pourvu que leurs esprits soient unis. Supposons un petit groupe ayant décidé de méditer sur la réincarnation dix minutes par jour, à une heure convenue, pendant trois ou six mois. Des formes-pensées très puissantes viendraient assaillir en foule la région choisie, et l'idée de réincarnation pénètrerait dans un nombre considérable d'esprits. On s'informerait, on chercherait des livres sur le sujet et, après une préparation de ce genre, une conférence sur la question attirerait un public très avide d'informations et à l'avance très intéressé. Un progrès hors de proportion avec les moyens physiques employés se réalise partout où des hommes et des femmes s'entendent sérieusement en vue d'une telle propagande mentale.

CONCLUSION

Voilà donc comment nous pouvons apprendre à utiliser les grandes forces qui sont en nous tous, et à les utiliser en vue du meilleur résultat possible. À mesure que nous les exercerons, elles se développeront jusqu'à ce que nous constations, avec surprise et ravissement, que notre pouvoir de nous rendre utiles est immense.

Souvenons-nous que nous faisons de ce pouvoir un usage continuel : faiblement, d'une manière inconsciente et spasmodique, nous modifions sans cesse en bien ou en mal tous ceux qui se trouvent sur notre route. Nous nous sommes efforcés ici de persuader le lecteur d'user de ces forces consciemment, continuellement et énergiquement. Nous ne pouvons nous empêcher de penser dans une certaine mesure, si faibles que soient les courants de pensée par nous produits. Nous modifions forcément ceux qui nous entourent, que nous le voulions ou non, la seule question que nous ayons à trancher est de savoir si nous voulons le faire d'une manière profitable ou d'une manière nuisible à autrui, faiblement ou fortement, en laissant agir le hasard ou en connaissance de cause.

Nous ne pouvons pas empêcher que les pensées des autres n'entrent en contact avec notre mental; nous ne pouvons que choisir celles que nous voulons accueillir et celles que nous voulons rejeter. Nous modifions et nous sommes modifiés forcément; mais nous pouvons modifier les autres à leur avantage ou à leur désavantage, nous pouvons être modifiés en bien ou en mal. C'est cela que nous avons à choisir, et notre choix est d'une importance essentielle pour nous-mêmes et pour le monde tout entier :

"Surtout choisissez bien, car votre choix est bref. C'est un moment, mais c'est aussi l'éternité."

Paix à tous les êtres.

TABLE DES MATIÈRES

Mme Annie Besant
(1er octobre 1847 - 20 septembre 1933)

Née à Londres, Mme Annie Besant fut une conféren-
cière, féministe, libre-penseuse, socialiste et théosophe britannique qui prit part à la lutte ouvrière et
lutta également pour l'indépendance de l'Inde. Elle
fit de nombreuses lectures philosophiques qui dével-
oppèrent ses questionnements métaphysiques et spirituels. Elle partit s'installer en Inde en 1893 où était
basée la Société théosophique. Elle en prit la direction en 1907 et l'assuma jusqu'à sa mort en 1933.